Markus Stegmann/René Zey

LEXIKON DER MODERNEN KUNST

Techniken und Stile

art Das Kunstmagazin

Impressum

3. Auflage, 2002

ART Das Kunstmagazin

Herausgeber
Axel Hecht

Autoren
Markus Stegmann, René Zey

Gestaltung
Detlef Conrath, Heidi Kuenzer

Verlag
Verlag Gruner+Jahr AG & Co
Am Baumwall 11
20459 Hamburg

Telefon / Fax Redaktion
(0 40) 3 70 30
(0 40) 37 03 56 18

Editorial

Ob Minimal Art oder die reiche Pracht der Malerei, ob Video-Installation oder die sinnlichen Licht-Impressionen eines Claude Monet oder Vincent van Gogh, ob documenta, Biennale oder einfach die Premiere eines jungen Künstler-Talents im städtischen Museum: Immer mehr Menschen entdecken die Kunst als geistige Herausforderung, als Bereicherung – als Lebensmittel. Die stetig steigenden Besucherzahlen von Kunsthallen und Museen legen beredtes Zeugnis davon ab.

Als Wegweiser durch die vielschichtigen Landschaften der Kunst gibt es jeden Monat eine neue Ausgabe des Kunstmagazins ART. Keine andere Zeitschrift berichtet so umfassend und aktuell, so anspruchsvoll und allgemeinverständlich über die wichtigen Ereignisse der internationalen Kunstszene.

Um Ihre Entdeckerlust zu stimulieren, um Ihre Streifzüge durch die (nicht immer einfache) Welt der künstlerischen Stile und Ideen zu einem üppigen Vergnügen zu machen, hat ART nun ein „Lexikon der modernen Kunst" herausgebracht. Markus Stegmann und René Zey, unsere beiden Autoren, sind profunde Kenner, die ihren Stoff prägnant und verständlich zu vermitteln wissen.

Das handliche Nachschlagewerk, als kleine Einführung in die moderne Kunst gedacht, passt in jede Tasche und ist zuverlässiger Ratgeber beim Ausstellungsbesuch oder bei der Lektüre von Katalogen oder Zeitungen. Nutzen Sie unser „Lexikon der modernen Kunst" zum persönlichen Gewinn. Ich wünsche Ihnen Vergnügen beim Blättern und Nachschlagen.

Axel Hecht
Chefredakteur ART

Vorwort

Das „Lexikon der modernen Kunst“ erläutert in mehr als 170 Stichwörtern technische Begriffe und Stilströmungen der modernen Kunst vom Impressionismus bis in die Gegenwart. Das Lexikon versteht sich als kleines, handliches Nachschlagewerk zur ersten fachlichen Orientierung. Die Stichworte umfassen sowohl die gebräuchlichsten Techniken bis hin zu neuesten Entwicklungen der Computer- oder Netzkunst als auch die wichtigsten Stilbegriffe der bildenden Kunst. Die Artikel zu den künstlerischen Techniken erläutern die zum Teil komplizierten Abläufe und präzisieren die Unterschiede zu vergleichbaren Verfahren. Die Artikel zu den Stilströmungen klären die Begriffsbildung, arbeiten grundlegende Charakteristika, Einflüsse und Auswirkungen heraus. Querverweise (→) deuten auf benachbarte Techniken und Strömungen. Obgleich Stilbegriffe eine erste, grobe „Ordnung“ in der Entwicklung der Kunst ermöglichen, zeigt sich in der Praxis schnell, dass sie allzu oft auf unsicheren Fundamenten stehen. Bei der eingehenderen Betrachtung der Kunstwerke wird man bald auf sie verzichten und dennoch (oder gerade erst dann) zu einem tieferen Verständnis von Kunst vordringen. Dazu möchte dieses kleine Booklet als geeigneter Ausgangspunkt für die Beschäftigung mit den faszinierenden Erscheinungsformen moderner Kunst beitragen.

Markus Stegmann, René Zey

A

Abstrakte Kunst

Der Terminus „Abstraktion“ (lat. *abstrahere* = abziehen, trennen) zählt zu den umstrittensten Begriffen in der bildenden Kunst des 20. Jh.s; sowohl seine Definition als auch seine Legitimation gaben immer wieder Anlass zu heftiger Diskussion. Grundsätzlich stellt jedes Abbild der Natur eine Abstraktion dar, insofern der Künstler bestimmte Details hervorhebt, andere vernachlässigt oder nicht berücksichtigt. Abstraktion bedeutet in einem allgemeinen Sinn, das sich im jeweiligen Kunstwerk keinerlei Anhaltspunkte der gegenständlichen Welt finden lassen. Oder anders formuliert: Ein Abbildcharakter liegt nicht vor. Doch bei genauer Betrachtung muß eine wichtige Differenzierung vorgenommen werden. Denn im engeren Sinn bedeuten abstrakte Arbeiten, dass ihre formale Bildorganisation auf einem Abstraktionsprozess beruht, d. h. die einzelnen Bildelemente lassen sich auf gegenständliche Motive zurückführen. Das wohl wichtigste Beispiel ist die sukzessive Lösung vom Gegenstand bei Piet Mondrian, eine Entwicklung, die sich beispielsweise in der Serie der „Bäume“ zwischen 1908 und 1914 beobachten lässt. Schritt für Schritt führt Mondrian den Baum auf seine wesentlichen Gestaltungsprinzipien zurück, die er in der Horizontalen und Vertikalen sieht. In dem Augenblick jedoch, da Mondrian das Bild aus sich heraus gestaltet, ist die Abstraktion im eigentlichen Sinn nicht mehr existent. 1930 gebrauchte Theo van Doesburg den Begriff → „Konkrete Kunst“, um damit gegenstandslose Bilder zu bezeichnen, deren formale Elemente ohne jeden äußeren Bezug auskommen. Der Begriff „Konkrete Kunst“, der im übrigen auch von Max Bill oder Wassily Kandinsky gefordert wurde, geht insofern noch über die abstrakte Kunst hinaus.

Abstrakter Expressionismus

Der Terminus „Abstrakter Expressionismus“ dient als Sammelbegriff für verschiedene, zum Teil nur schwer unterscheidbare Strömungen der amerikanischen Malerei im Zeitraum von etwa 1945-55. Bei näherer Betrachtung stellt sich allerdings der Begriff als ungenau und schwammig heraus. Gemeinhin zählt man sowohl das → Action Painting, das als zentrale Ausprägung gilt, als auch frühe Formen des → Colourfield Painting dazu, ferner alle Zwischen- und Übergangsbereiche dieser Strömungen, die als wichtigste Gemeinsamkeit die Thematisierung von Malprozess, Spontaneität und Zufall aufzeigen. Durch wechselseitige Beeinflussung und Begriffsüberschneidungen ist eine präzise definitorische Klärung kaum möglich. Der Schwerpunkt des Abstrakten Expressionismus liegt ohne Frage auf der Kategorie Expressivität, d.h. der vom Verstand ungefilterten Äußerung innerer Befindlichkeiten. Der Abstrakte Expressionismus wurzelt allerdings weniger im → Expressionismus, wie der Begriff glauben machen will, sondern eher im → Surrealismus. Insbesondere die Wirkung der Exil-Surrealisten in New York zeigt sich als wichtigste Anregung. Doch weniger deren malerische Ergebnisse interessierten die jungen Amerikaner, als vielmehr deren künstlerische Methode, die sog. → Écriture automatique. Als weitere Quelle trat die surrealistisch beeinflusste Malerei Arshile Gorkys hinzu. Im Anschluss an die kriegsbedingte Emigration der Surrealisten von Paris nach New York ging zum ersten Mal in Gestalt des Abstrakten Expressionismus der international tonangebende Impuls in der Kunst von den USA aus. Zu den Hauptvertretern des Abstrakten Expressionismus zählen Sam Francis, Franz Kline, Willem de Kooning, Barnett Newman, Jackson Pollock, Mark Rothko und Clyfford Still.

Acrylfarben

Emulsionsfarben, die auf einem synthetischen → Bindemittel, dem Acrylharz, basieren. Im Gegensatz zur → Ölmalerei besitzen Acrylfarben einige vorteilhafte Eigenschaften: Sie sind schnell trocknend und weitgehend geruchsneutral, außerdem sind sie wasserlöslich, d.h. Wasser dient auch zur Verdünnung der Farben, die ähnlich wie bei der Ölmalerei pastos oder lasierend aufgetragen werden können. Die genannten Eigenschaften erlauben ein einfaches, problemloses Malen. Allerdings erreichen Acrylfarben nicht ganz die Tiefe von Ölfarben.

Action Painting

Den Begriff „Action Painting“ brachte der amerikanische Kunstkritiker Harold Rosenberg 1952 in die Diskussion ein, um eine maßgebliche Malweise der späten vierziger und frühen fünfziger Jahre in den USA zu kennzeichnen, die sich durch die direkte, nahezu unkontrollierte Äußerung des künstlerischen Willens beschreiben lässt. Jeglicher kalkulierte Bildaufbau wird aufgegeben und die rationale Kontrolle ausgeschaltet, einzig mit dem Ziel, Schichten des Unterbewussten freizulegen, um auf diese Weise emotionalen Zuständen zu unverfälschtem Ausdruck zu verhelfen. Wesentliche Merkmale sind die Momente Spontaneität und Zufall, die in dieser radikalen Form erstmals in die Kunst Einzug halten. Der oftmals rauschhafte Prozess der „Bildbehandlung“ findet seinen zentralen Impuls in einer Arbeitsmethode des → Surrealismus, der → Écriture automatique, die mit verschiedenen Mitteln die rationale Kontrolle zu unterbinden sucht. Während jedoch das Ergebnis der Surrealisten zumeist gegenständlich blieb, fand die Écriture automatique durch die Maler des Action Painting ihre Radikalisierung. Der maßgebende Künstler des Action Painting ist zweifellos Jackson Pollock mit seinen charakteristischen → Drip Paintings, die er bereits ab 1946 entwickelte. Aber auch die flächigeren Arbeiten Franz Klines und die zum Teil auf figürlichen Fragmenten beruhenden Bilder Willem de Koonings sind typische Beispiele.

Akkumulation

Die Akkumulation (frz. *accumuler* = anhäufen) ist eine Form der → Objektkunst, zeigt manchmal aber auch eine Nähe zur → Assemblage. Der Begriff bezeichnet die Anhäufung verschiedener, oft aber gleicher bzw. ähnlicher Gegenstände. Zumeist handelt es sich um Alltagsgegenstände wie Milchkannen, Kämme, Spielzeug, Industrieteile oder auch Musikinstrumente. Durch ihre Anhäufung wird einerseits die Aufmerksamkeit auf die „gewöhnliche" Wirklichkeit gelenkt, andererseits ist damit eine gewisse Ästhetisierung der zumeist wertlosen Gegenstände verbunden, wobei diese deutliche Spuren des Gebrauchs tragen und somit beispielsweise die Kategorie Zeit ins Spiel bringen. Besonders typisch ist die Akkumulation für die Kunst des → Nouveau Réalisme, wie sich an Beispielen von Arman und Daniel Spoerri beobachten lässt.

Aktion

→ Aktionskunst

Aktionskunst

In der Aktionskunst tritt, ganz allgemein gesprochen, anstelle des Kunstwerks die künstlerische Aktion, d.h. ein zeitlich begrenztes Geschehen, das durch die

Künstler vorgetragen wird. Dabei kommen Elemente aus den Bereichen Musik, Theater, Tanz, Pantomime, bildende Kunst und zum Teil auch aus Film und Video zum Einsatz (→ Multi Media), so dass die Sinne des Zuschauers auf höchst unterschiedliche Weise angesprochen werden. Die Sensibilisierung der Wahrnehmung und die Erweiterung des Kunstbegriffs sind zentrale Ziele der Aktionskunst. Der Ablauf einer Aktion schließt häufig Improvisation und Spontaneität ein, da z.B. die Abfolge der Ereignisse vorher nicht immer genau festgelegt ist. Letztlich geht es dabei einerseits um die Auflösung der Grenzen zwischen den → Kunstgattungen, andererseits um das Aufbrechen der Trennung von Zuschauer und Künstler. Überhaupt wendet sich die Aktionskunst gegen tradierte, festgefahrene Kunstanschauungen. Doch das eigentliche Ziel ist die Durchdringung von Kunst und Leben. Die Isolation der Kunst von der Lebenswirklichkeit wird als hinderlich empfunden, so dass z. B. durch Einbezug des Publikums in die Aktion (→ Happening) der Versuch unternommen wird, diese Grenze zu überwinden. Frühe Formen der Aktionskunst finden sich bereits im → Dadaismus und → Surrealismus. Das → Action Painting Jackson Pollocks enthält aktionistische Elemente. Der Begriff „Aktionskunst" wird als Sammelbegriff gebraucht und bezieht sich im wesentlichen auf die Erscheinungen Happening und → Fluxus in den späten fünfziger und sechziger Jahren. Seit den frühen siebziger Jahren spricht man von → Performance.

All over

Ein Kompositionsverfahren der Malerei, das die Bildfläche gleichmäßig mit Farbe (und Formelementen) bedeckt, so dass weder Schwerpunkte und Zentren noch eine Bildhierarchie entstehen kann. Das bedeutet einerseits den gleichen Rang aller Bildelemente, andererseits entsteht der Eindruck, als verlaufe das Bildgeschehen über den Rand/Rahmen hinaus weiter. Das All over wurde insbesondere von Jackson Pollock in seinen → Drip Paintings angewandt. Es findet sich auch bei anderen Malern des → Action Painting und im Bereich des → Colourfield Painting (z.B. Barnett Newman, Clyfford Still).

Aquarell

Das Aquarell (lat. *aqua* = Wasser) beruht auf nicht deckenden, d.h. lasierenden (→ Lasur) Wasserfarben, die auf helles, saugfähiges Papier mit zumeist rauher, körniger Oberfläche aufgetragen werden. Die Aquarellfarben bestehen aus Mineral- bzw. Pflanzenpigmenten, die zumeist mit → Gummiarabikum als Bindemittel, seltener auch mit Leim oder Gelatine, versetzt sind. Im Unterschied zur ebenfalls wasserlöslichen, aber deckenden → Gouache wird kein Deckweiß verwendet, sondern weiße Stellen im Bild werden durch Aussparungen auf dem Blatt erzielt. Die besondere Wirkung des Aquarells beruht einerseits auf den sinnlichen, atmosphärischen Farbwerten, die oft zart ineinander verlaufen und sich nebelartig auflösen. Außerdem scheint der weiße Grund des Papiers durch, weshalb das einfallende Licht reflektiert wird, das dem Aquarell seine besondere Transparenz verleiht. Der Malvorgang beginnt stets mit den hellen Farben und endet mit den dunklen. Korrekturen sind nach dem Trocknen kaum möglich. Grundsätzlich unterscheidet man eine Trocken- und eine Nass-in-Nass-Technik. Erstere „schichtet" die Farbe auf das trockene Blatt, wobei für jeden neuen Farbauftrag die vorhergehende Farbschicht vollständig getrocknet sein muß, da das Blatt sonst keine Farbe annimmt. Die Nass-in-Nass-

Technik trägt die Farben auf das aufgespannte, angefeuchtete Blatt auf, wobei mehr oder weniger kontrollierte Farbmischungen und -übergänge entstehen. In der Kunst des 20. Jh.s sind vor allem die starkfarbigen Aquarelle des → Expressionismus zu erwähnen, z.B. von Erich Heckel, Oskar Kokoschka, August Macke, Emil Nolde, Christian Rohlfs oder Karl Schmidt-Rottluff. Eine entscheidende Rolle spielte die Aquarelltechnik aufgrund ihrer auflösenden Eigenschaften in der Entwicklung der → abstrakten Kunst (Wassily Kandinsky: „Erstes abstraktes Aquarell", 1910).

Aquatinta

Die Aquatinta (ital. *aqua forte* = Scheidewasser, Säure; *tinta* = Farbe), auch „lavierende Manier" oder „Bleistiftmanier" genannt, ist ein Verfahren des → Tiefdrucks zur Erzielung halbtonähnlicher Effekte. Eine Metallplatte wird dabei gleichmäßig mit feinem Asphaltkorn oder Kolophoniumpulver bestreut (entweder mit einem Sieb oder in einem sog. Bestäubungskasten), das durch Erhitzen an der Oberfläche festgebacken wird (Aussprengverfahren, Salz-Aquatinta, Sandpapier-Aquatinta, Weingeist- oder Krakelurenaquatinta, Tiefätzung). Die Platte wird dadurch mit einem Netz feiner Körner besetzt, die beim nun folgenden Säurebad das darunterliegende Metall schützen. In die Zwischenräume dieser körnigen Schicht dringt jedoch die Säure ein und hinterlässt, je nach Dauer des Ätzvorgangs, mehr oder weniger große Vertiefungen. Eine kurze, flache Ätzung ergibt später einen Grauton im Druck; eine tiefe Ätzung bringt eine satte, schwarze Tönung hervor. Beim dunklen Asphaltkorn wird die Skizze der Zeichnung nachträglich auf die gekörnte Platte gebracht. Arbeitet man mit festen Umrisslinien, so müssen diese vorher durch eine lineare Technik (→ Radierung oder → Kaltnadeltechnik) auf die Platte gebracht werden. In ihrer reinsten Form erscheint die Aquatinta jedoch ohne lineare Zeichnung, d.h. ohne feste Umrisslinien und nur durch flächenhaftes, abgestuftes Tönen einzelner Partien. Dies geschieht durch ein stufenweises Ätzen der Platte, entweder vom Dunkeln ins Helle oder umgekehrt, und verleiht der Aquatinta ihren lavierten, einer → Tusch- oder Sepiazeichnung ähnelnden Charakter. Wegen der Empfindlichkeit ihrer Druckform ist die → Auflage der Aquatinta begrenzt und schwankt um 100 Blatt.

Art brut

Eine von dem Künstler Jean Dubuffet eingeführte Bezeichnung (frz. *l' art brut* = die rohe Kunst) für die künstlerischen Äußerungen von Kindern, psychisch Kranken, Laienmalern (→ Naive Malerei) und die Kunst der Primitiven (→ Primitive Kunst). Dubuffet hob deren Ursprünglichkeit und unverbildete Eigenständigkeit hervor, um sie gegen den Akademismus positiv abzusetzen. In den künstlerischen Äußerungen dieser Personenkreise sah Dubuffet instinktiv und unreflektiert gefundene Kreativität, deren Impuls er selbst als Stilmittel in sein Werk einbezog. Aber nicht nur die Malerei Dubuffets verdankt der Art brut entscheidende Anregungen, sondern auch andere Künstlerinnen und Künstler griffen immer wieder auf deren vor allem mit archaischer Ursprünglichkeit in Verbindung gebrachtes kreatives Potential zurück, wie z.B. Künstler des → Informel oder die Künstlergruppe „Cobra".

Arte Cifra

Als Gegenbewegung zur intellektuellen → Concept Art und zur reduzierten Materialerforschung der → Arte povera formierte sich in Italien ab etwa 1977 die Arte

Cifra (ital. *cifra* = Ziffer, Chiffre), die von dem italienischen Kunstkritiker Achille Bonito Oliva als → „Trans-Avantgarde" (transavanguardia) bezeichnet wurde. Eine Strömung in der Malerei, die sich durch eine ausgeprägt subjektive Bildsprache charakterisiert und unter Einbezug des Unbewussten und der persönlichen Erinnerung zu höchst individueller, poetisch-sinnlicher Gestalt findet. Häufig expressiv veranlagt, entwickelt die (gegenständliche) Arte Cifra einen enormen Vorrat an Symbolen, Zeichen und verkürzten Chiffren, die letztlich nur ansatzweise entschlüsselt werden können. Eine ihrer wesentlichen Leistungen besteht in der nicht mehr für möglich gehaltenen Wiederbelebung der Malerei, die bereits in den sechziger Jahren mehrfach für tot erklärt wurde. Anders als der → Expressionismus, mit welchem die Arte Cifra der spontane → Duktus und die konzentrierte Farbkraft verbindet, kennt sie auch ruhige, kontemplative Formulierungen, die eher eine symbolistische Prägung besitzen. Kombinationen gänzlich verschiedener, nicht zusammengehöriger Gegenstände schaffen Anklänge an den → Surrealismus. Mit der zeitgleichen Malerei der → Neuen Wilden in Deutschland eint die Arte Cifra die radikale Individualität, die Rückkehr zur großformatigen Malerei und zum Teil auch der Einsatz expressiver Gestaltungsmittel. Maßgeblich an der Entstehung der Arte Cifra waren u.a. folgende Künstler beteiligt: Sandro Chia, Francesco Clemente, Enzo Cucchi, Nicola de Maria, Mimmo Paladino.

Arte povera

Die Bezeichnung „Arte povera" (ital. = arme Kunst) geht auf den italienischen Kunstkritiker Germano Celant zurück, der damit Skulpturen beschrieb, die sich aus „armen", d.h. scheinbar „wertlosen" (Natur-) Materialien konstituieren, wie z.B. Asche, Erde, Filz,

Holz, Reisig, Steine, Ton. Die manchmal auftretenden Neonröhren brechen aus dieser Reihe aus, bilden gleichwohl markante Kontrastpunkte und führen in die Nähe der → Objektkunst. Die Skulpturen und → Environments der Arte povera bedienen sich bezüglich ihrer Materialanordnung collage- (→ Collage) und assemblageartiger Verfahren (→ Assemblage), wobei oft überraschende Materialkontrastierungen auftreten. Die Arte povera erscheint ab Mitte der sechziger Jahre mit Schwerpunkt in Italien. Beim künstlerischen Verfahren der Reduktion bestehen Berührungspunkte mit der → Minimal Art – wenngleich mit anderem Ergebnis –, bei der reflektierenden Grundhaltung Parallelitäten zur → Concept Art. Ziele der Arte povera liegen in der Bekämpfung des der Skulptur zumindest latent innewohnenden Ästhetizismus, der sich z.B. durch die Verwendung „edler“ Materialien wie Bronze oder Marmor ausdrückt. Durch den Gebrauch der nach konventioneller Werteskala „minderen“ Materialien ergibt sich nicht nur eine neue Sichtweise der Realität, sondern das scheinbar Nebensächliche, Unbedeutende gerät in das Blickfeld der Kunst. Außerdem bestreiten die „armen“ Materialien in der Regel den Ewigkeitsanspruch der klassischen Bildhauermaterialien. Die sinnliche Präsenz der Materialien und ihre poetische Ausstrahlung sind weitere Kennzeichen. Ursprünglich fasste Germano Celant unter dem Begriff Arte povera nur italienische bzw. in Italien lebende Künstlerinnen und Künstler zusammen, wovon Jannis Kounellis und Mario Merz die größte Bedeutung zukommt. Außerdem finden sich Giulio Paolini, Giuseppe Penone oder Luciano Fabro erwähnt.

Art Nouveau

→ Jugendstil

Assemblage

Der Sammelbegriff „Assemblage“ (frz. = Zusammenfügung) dient zur Bezeichnung von Kunstwerken, die vorgefundene Materialien und/oder Objekte (→ Objektkunst) in eine Bildstruktur einbinden (→ Materialbild). Dabei entsteht eine reliefartige Wirkung (→ Relief), die – gemeinsam mit dem Gestaltungsprinzip der Zusammenfügung unterschiedlicher Teile – auf die enge Verwandtschaft zur → Collage verweist, als deren (räumliche) Weiterentwicklung die Assemblage gelten kann. Auswahl und Gestalt der zusammengestellten Teile sind höchst unterschiedlich, doch treten häufig gebrauchte und abgenutzte Gegenstände der Alltagswelt auf, die an sich so gut wie wertlos sind. Insofern die in das Bild eingefügten Gegenstände vorgefunden bzw. vorfabriziert sind, kann man auch von → Objets trouvés sprechen. Sonderformen der Assemblage sind die → Akkumulation und das → Combine Painting, wobei allerdings die Grenzen fließend verlaufen. Obgleich bestimmte Äußerungen des → Dadaismus, → Konstruktivismus und → Surrealismus als Vorläufer angesehen werden können, entstand die Assemblage in ihrer heutigen Form gegen Ende der fünfziger Jahre. Bereits in den dreißiger Jahren schuf Joseph Cornell Assemblagen in Kastenform. Der Einbezug von Alltagsgegenständen in eine malerische Bildstruktur kann besonders eindrücklich bei Robert Rauschenberg beobachtet werden. Ebenfalls zur Assemblage zählen die Fallenbilder von Daniel Spoerri.

Auflage

Die Auflage bezeichnet die Gesamtzahl der Abzüge, die von einer Druckform hergestellt werden. „Vor“ der Auflage liegen dabei die Künstlerdrucke, Probedrucke und Zustandsdrucke, die später auch nicht numeriert werden. Die Höhe einer Auflage wird von den technischen Möglichkeiten der Druckform sowie von der Einschätzung des Marktes bestimmt. Ihre Festlegung ist willkürlich und wird durch bewusste Limitierung oft künstlich niedrig gehalten. Jeder Abzug einer Auflage wird in der Regel vom Künstler mit Bleistift numeriert, d. h. es werden Angaben über die Nummer des Abzugs und die Höhe der Auflage gemacht, z.B. 8/200. Werden mehrere Auflagen von einer Druckform hergestellt, so wird die jeweilige Auflage durch eine römische Ziffer (z.B. III 27/100) gekennzeichnet.

Automatismus

Der Automatismus (griech. *autómatos* = sich selbst bewegend) ist ein künstlerisches Verfahren, das allgemein auf der Ausschaltung rationaler Kontrolle beruht, d.h. der künstlerische Schaffensprozess vollzieht sich aufgrund einer auf intuitiver Spontaneität beruhenden Haltung des Künstlers. Darüber hinaus sucht der Automatismus das Unbewusste als fruchtbare Quelle der Inspiration auszuschöpfen, was insbesondere in der → Écriture automatique des → Surrealismus zum Ausdruck kam. Auch → Action Painting, → Informel und → Tachismus erprobten seit Mitte der vierziger Jahre den Automatismus. Eine zentrale Rolle spielte hier der Maler André Masson, der einen konsequenten Automatismus verfolgte und mit seiner Übersiedlung 1941 in die USA Künstler wie Arshile Gorky oder Jackson Pollock maßgeblich mit seiner Arbeitsweise beeinflusste. In dem psychisch motivierten Automatismus dieser Jahre artikuliert sich ungefiltert die innere, emotionale Befindlichkeit der Künstler, geprägt von der Katastrophe des Weltkriegs und nicht zuletzt von der Erfahrung des Existentialismus.

Avantgarde

Allgemeine Bezeichnung für revolutionäre künstlerische Wegbereiter mit der Absicht, grundsätzlich neue Entwicklungen einzuleiten (frz. *l' avantgarde* = Vorhut). Der Begriff bezieht sich auf Künstlerinnen und Künstler, die durch ihre Ideen und Kunstwerke ihrer Zeit vorausgreifen. In der Regel ist damit zugleich die Erschütterung und letztlich auch die Überwindung traditioneller Kunstauffassungen impliziert. Die avantgardistische Wirkung eines Künstlers bzw. einer Künstlerin oder einer Künstlergruppe lässt sich u.a. am Einfluss der Kunstwerke auf die zeitgenössische Kunstszene und/oder auf nachfolgende Künstlergenerationen bemessen. Der Begriff „Avantgarde" ist überwiegend für die → Moderne gebräuchlich, d.h. im wesentlichen ab dem → Impressionismus. So waren beispielsweise → Expressionismus, → Kubismus, → Surrealismus, → Action Painting, → Pop Art oder → Minimal Art avantgardistische Bewegungen. Spätestens seit den siebziger Jahren ist der Begriff „Avantgarde" zur Kennzeichnung zeitgenössischer Kunst nicht mehr gebräuchlich, da im engen Sinn des Wortes eine grundlegende, revolutionäre Erneuerung der Kunst nicht mehr im Vordergrund steht.

B

Bauhaus, Staatliches

1919 gründete Walter Gropius in Weimar das Staatliche Bauhaus, eine interdisziplinär konzipierte Hochschule der Künste und des Kunsthandwerks. In seinem Gründungsmanifest formulierte Gropius die Ziele des neuen Instituts, die er in erster Linie durch die Einheit aller Künste unter der Führung der Architektur sowie durch die Synthese von Handwerk und Kunst zu erreichen suchte. Ein wichtiges Ziel bestand in der Erschließung eines neuen Kreativitätspotentials für die industrielle Massenproduktion. Ebenso wichtig wie neuartig war das kunstpädagogische Konzept. Der Begriff Bauhaus deutet auf den Gemeinschaftssinn und die Gleichstellung von Kunst und Handwerk unter der Führung der Architektur, wie sie in mittelalterlichen Dom-Bauhütten gepflegt wurden. Die Entwicklung des Bauhauses von 1919 bis 1933 lässt sich in verschiedene Phasen unterteilen, wobei eine zunehmende Funktionalisierung auf Kosten der bildenden Kunst zu beobachten ist. Die Gründungsphase zwischen 1919 und 1924 ist durch den Einfluss des → Expressionismus und die besondere Bedeutung der bildenden Kunst gekennzeichnet. Seit 1919 waren als Lehrer Lyonel Feininger, Johannes Itten, Gerhard Marcks und Adolf Meyer unter der Führung von Walter Gropius tätig. 1920 wurden Georg Muche, 1921 Paul Klee und Oskar Schlemmer, 1922 Wassily Kandinsky und schließlich 1923 Lászlo Moholy-Nagy an das Bauhaus berufen. 1925 wurde der Umzug nach Dessau durchgeführt, womit die zweite Phase 1925-28 einsetzte. Gropius hatte den Gebäudekomplex in Dessau 1925/26 errichtet; er zählt heute zu den bedeutendsten Beispielen der Avantgarde-Architektur der zwanziger Jahre in Deutschland. Nicht zuletzt auch aufgrund der schwierigen politischen Situation legte Gropius 1928 den Vorsitz nieder, der in der Folge bis 1930 von dem Architekten Hannes Meyer übernommen wurde. Auch ein weiterer Führungswechsel 1930 zu dem Architekten Ludwig Mies van der Rohe brachte nicht die erhoffte Wende und Rückbesinnung. 1932 wurde das Bauhaus in Dessau geschlossen. Ein Umzug nach Berlin konnte das Ende nicht mehr abwenden: Am 20. Juli 1933 wurde das Bauhaus auf massiven Druck der Gestapo aufgelöst. Die Wirkung des Bauhauses auf die künstlerische Situation der zwanziger Jahre, auf

Kunsthandwerk, Design und Architektur kann gar nicht überschätzt werden. Die Emigration wichtiger Bauhauslehrer wie Josef Albers, Marcel Breuer, Lyonel Feininger, Walter Gropius, Lászlo Moholy-Nagy oder Mies van der Rohe in die USA setzte den Einfluss des Bauhauses auf internationaler Ebene fort.

Behaviour Art

Ausgehend von der → Prozess- und → Aktionskunst, entstand um 1970 in enger Verquickung mit der → Body Art die Behaviour Art (engl. = Verhaltenskunst). Sie zielt darauf ab, durch bestimmte Trainingsprozesse zu einer neuen Art des Sehens und Handelns zu gelangen, zu einem bewussteren und in seiner Sensibilität gesteigerten Wahrnehmungsverhalten, das dazu befähigen soll, konventionelle Verhaltensmuster und überkommene Denkstrukturen aufzubrechen und abzubauen. Dabei spielt die Körpergestik eine entscheidende Rolle, indem bestimmte Bedingungen, welche die menschliche Existenz determinieren, sichtbar gemacht und zum Gegenstand bewusster Erfahrung erhoben werden. Nur schwer von der Body Art abzugrenzen, leistet die Behaviour Art einen „aufklärerischen", da kunst- und gesellschaftskritischen Beitrag, wie er für viele Kunstströmungen um 1970 bezeichnend ist. Zu Aufzeichnung und Dokumentation der Aktionen dienen Fotografie, Film und Video. Zu den Hauptvertretern zählen Vito Acconci, Dennis Oppenheim, Klaus Rinke und Franz Erhard Walther.

Bildgattungen

Seit der Renaissance entwickelte sich innerhalb der → Malerei eine Klassifizierung nach verschiedenen Bildgattungen, auch „Genres" genannt. Grundsätzlich wird zwischen sakralen und profanen Bildthemen unterschieden. Insbesondere seit der (niederländischen) Barockmalerei entstanden folgende Bildgattungen: Architekturbild (Interieur, Vedute u.a.), Genre (Gesellschaftsstück, Jagdstück, Küchenstück u.a.), Historienbild (Ereignis, Mythologie u.a.), Landschaft (Marine u.a.), Porträt (Gruppenporträt, Selbstporträt u.a.) und Stillleben. Wie in den Klammern angedeutet, lässt sich jede Bildgattung in weitere Untergattungen aufgliedern. Insbesondere im 19. Jh. wurde ihnen große Bedeutung beigemessen, es bildete sich sogar eine Rangfolge der Gattungen heraus. Danach kam beispielsweise dem Historienbild die höchste und dem Stillleben die geringste Wertschätzung zu. Doch bereits der → Impressionismus löste diese starren Festlegungen auf. Zwar erscheinen die Bildgattungen bis ins 20. Jh. hinein, doch lässt ihre Bedeutung spätestens mit der Entstehung der → abstrakten Kunst um 1910 rapide nach.

Bildhauerei

Neben der → Malerei und → Grafik ist die Bildhauerei die dritte große Gattung der bildenden Künste. Sie schließt alle körperbildenden, d.h. dreidimensionalen Kunstwerke ein. Die Begriffe → „Plastik" und → „Skulptur" werden heute gleichbedeutend gebraucht. Manchmal finden auch die Begriffe „Bildhauerkunst" oder seltener „Bildnerei" Verwendung. Ursprünglich umfasste die Bezeichnung „Plastik" nur Arbeiten, die aus weichen, formbaren Materialien in anfügendem Verfahren modelliert wurden, z.B. aus Gips, Ton oder Wachs (vgl. → Plastik). Außerdem fielen die Gusstechniken (z.B. Bronzeplastik) unter diesen Begriff. Dem stand die Skulptur diametral gegenüber: Sie bezeichnete ursprünglich nur Arbeiten, die aus festen

Materialien in abtragendem Verfahren durch Abschlagen oder Schnitzen gewonnen wurden (vgl. → Skulptur). Durch eine Vielzahl neuer Arbeitsverfahren und Materialien hat sich im 20. Jh. diese Unterscheidung praktisch aufgelöst. Im wesentlichen eigenständige Bereiche bilden → Relief und Objekt (→ Objektkunst), in besonderem Maße → Installation und → Environment. Kennzeichnend für die dreidimensionale Kunst des 20. Jh.s ist nicht nur die Entwicklung zur Abstraktion (und seit den frühen achtziger Jahren zum Teil wieder zur Gegenständlichkeit), nicht nur der Einbezug völlig neuer Materialien (Abfall, Aluminium, Eisen, Glas, Kunststoffe, Schrott, Stahl u.a.), sondern eine neue Auseinandersetzung mit dem realen Raum. Unter dem Stichwort „Kunst im öffentlichen Raum" greifen beispielsweise dreidimensionale Kunstwerke in die städtische Umgebung ein und lassen latente Raumbezüge und verborgene topografische Besonderheiten sichtbar werden. Großformatige Videoproduktionen (→ Videokunst) schaffen in jüngster Zeit fließende dreidimensionale Bildräume

Bindemittel

Unter Bindemitteln versteht man die in der Maltechnik verwendeten (zumeist farblosen) Substanzen, die sowohl die → Pigmente binden als auch das Haften auf dem Malgrund und die Oxidation an der Luft ermöglichen. Bindemittel beeinflussen sowohl den Charakter der Bildoberfläche (matt, stumpf, durchscheinend etc.) als auch den Galerieton bei der Alterung einer Malerei. Zu den am meisten verbreiteten Bindemitteln gehören Leinöl, das aus Flachssamen gewonnen wird, sowie Mohn- und Walnussöl. Gebräuchlich sind auch Kunstharze oder Mischungen von Pflanzenölen und Chemikalien (wie z.B. Mangan oder Kobalt).

Binderfarben

→ Dispersionsfarben

Blauer Reiter

→ Expressionismus

Bleistiftzeichnung

Der Bleistift, der um 1790 von Jacques Louis Conté erfunden wurde, erreichte bald nach 1800 große Popularität und trat erfolgreich die Nachfolge des Bleigriffels an. Die eigentlich korrekte Bezeichnung Graphitstift deutet auf die materielle Zusammensetzung, eine Mischung aus pulverisiertem Graphit – ein weiches, grau-schwarzes Mineral – und Ton, die abschließend gebrannt wird. Je nach dem Mischungsverhältnis lassen sich viele verschiedene Härtegrade erreichen; heute sind etwa 20 Härtestufen gebräuchlich. Harte Blei- bzw. Graphitstifte ergeben einen dünnen, hellen Strich, während die weichen eine dunkle, leicht verwischbare Linie entstehen lassen. Dementsprechend unterscheidet man manchmal eine harte, klassische Bleistiftzeichnung von einer weichen, malerischen. Aufgrund ihrer relativ leichten Verwischbarkeit erfordert die Bleistiftzeichnung eine abschließende Behandlung mit einem → Fixativ. Die früheste Verwendung des Graphits wird im 16. Jh. vermutet. Im 20. Jh. büßte die Bleistiftzeichnung nichts von ihrer Faszination ein und wird von vielen Künstlern bis in die Gegenwart hinein gepflegt. Als „klassische" Beispiele gelten gegenständliche Zeichnungen von Henri Matisse und Pablo Picasso sowie gegenstandslose des russischen → Konstruktivismus. In der Kunst nach 1945 sind Joseph Beuys und Bruce Naumann zu erwähnen.

Body Art

In der Body Art (engl. = Körperkunst) dient der Körper des Künstlers bzw. der Künstlerin als Medium des schöpferischen Ausdrucks. Gegen Ende der sechziger Jahre – zunächst eng verflochten mit der → Behaviour Art – entwickelte sich die Body Art in New York als neue Kunstform aus dem → Happening und der → Prozesskunst, wobei die teilweise öffentlichen Körperaktionen durch Fotografie, Film oder Video dokumentiert wurden. Aber nicht nur Aktionen mit dem Körper, sondern auch Manipulationen oder gar Verletzungen der Körperoberfläche sind typische, wenngleich zum Teil extreme Ausprägungen. Anknüpfungspunkte fanden die Künstler beispielsweise bei den „Anthropometrien“ Yves Kleins, den „Selbstübermalungen“ Arnulf Rainers, den Happenings des → Wiener Aktionismus oder verschiedenen Arbeiten Bruce Naumans der Jahre 1966-68. Zu den bekanntesten Vertretern der Body Art um 1970 zählen Vito Acconci und Dennis Oppenheim.

Brücke

→ Expressionismus

Cadavre exquis

Der Begriff „Cadavre exquis“ (frz. = köstlicher Leichnam) bezeichnet eine collagenartige (→ Collage) Technik, die von den → Surrealisten als geselliges Spiel gepflegt wurde. Auf ein Blatt Papier werden Worte geschrieben und das Blatt so gefaltet, dass dieselben nicht mehr sichtbar sind. Der nächste Teilnehmer schreibt seine Worte an die vorausgehenden und so fort. So entstehen Sätze bzw. Wortverkettungen, die keinen logischen Sinn, dafür überraschende Kombinationen ergeben. Surrealistische Cadavres exquis sind auch als gezeichnete Versionen bekannt.

Camera obscura

Die Camera obscura (lat. = dunkle Kammer), auch „Lochkamera" genannt, ist bereits seit der Antike bekannt. Ein lichtundurchlässiger, innen geschwärzter Kasten mit transparenter Rückwand (aus Glas oder Papier) enthält auf seiner Vorderseite eine kleine Öffnung bzw. eine kleine Sammellinse. Auf der Rückwand entsteht das verkleinerte, auf dem Kopf stehende Abbild des anvisierten Gegenstandes. Die Camera obscura wurde seit der Renaissance bis in das 19. Jh. hinein in der Malerei als Hilfsmittel für Komposition und Perspektive geschätzt. Ausgerüstet mit lichtempfindlichem Papier anstelle der transparenten Rückwand, stellt sie die Urform des Fotoapparates dar. In der zeitgenössischen Kunst gewinnt die Camera obsucura durch ihre weichen, malerischen Wirkungen erneut an Bedeutung.

Chromolithografie

→ Farblithografie

Collage

Die Collage (frz. *coller* = kleben), seltener auch „Klebebild" genannt, besteht aus verschiedenen (kunstfremden) Alltagsmaterialien, die auf die Bildfläche geklebt werden und so zu überraschenden, irritierenden und auch provozierenden Wirkungen führen. Verwendung finden beispielsweise Drahtgaze, Fahrkarten, Fotos, Furniere, Holzteile, Karton, Papier, Stoffe, Tapeten-

und Zeitungsstücke etc. Die Intention der Collage besteht einerseits in einer radikalen Annäherung an die Wirklichkeit durch die Integration von Gegenständen des Alltags, womit zugleich der Schritt von der Abbildung zur realen Präsentation vollzogen und die Frage nach der Realität neu gestellt wird. Andererseits erzielt sie ihren besonderen Reiz durch das unvermittelte Aufeinanderprallen von nicht zusammengehörenden Gegenständen auf inhaltlicher und von konträren Oberflächenstrukturen und Materialeigenschaften auf formaler Ebene. Zumeist besitzt die Collage flächigen Charakter, der allerdings häufig, z.B. durch eingefügte → Objets trouvés, auch die Struktur eines → Reliefs annehmen kann. Die Entstehung der Collage ist mit den Namen Georges Braque und Pablo Picasso verbunden, die um 1911/12 im Zusammenhang mit dem synthetischen → Kubismus die → Papiers collés schufen – erste collageartige Arbeiten. Neben den Kubisten wurde die Collage in ihrer Entstehungszeit vor allem von den Künstlern des → Futurismus entwickelt, wobei insbesondere die Arbeiten Carlo Carràs um 1914 zu erwähnen sind. Der → Dadaismus in Zürich und wenig später vor allem die Berliner Variante verliehen der Collage einen provozierenden, die soziale Wirklichkeit bissig entlarvenden Charakter. In einem dadaistischen Zusammenhang stehen auch die „Merzbilder" von Kurt Schwitters. Sie entstanden ab 1919 und zeichnen sich durch die Ansammlung verschiedenster Abfallstücke des Alltags (Objets trouvés) auf der Bildfläche aus.

Colourfield Painting

Eine gegen Ende der vierziger Jahre in den USA entstandene Stiltendenz in der Malerei (engl. *Colourfield Painting* = Farbfeldmalerei), die sich durch große Formate und den Einsatz ausgedehnter (gegenstandsloser) Farbfelder kennzeichnet. Das Anliegen der Maler besteht in der Untersuchung der Erscheinungsformen von Farbe. Dabei stehen Fragen nach deren räumlicher Struktur sowie den unterschiedlichen Bewegungsverläufen im Vordergrund. Eine Malerei also, die zunächst ganz von der äußeren Wirklichkeit absieht und sich stattdessen auf die malerischen Mittel konzentriert, um durch deren präzise Beobachtung zu letztlich transzendenten Ebenen der Wirklichkeit zu gelangen, wie sie beispielsweise mit dem Begriff des „Erhabenen" umschrieben werden. Damit ist z.B. die Erfahrung von grenzenloser Ausdehnung bzw. Unendlichkeit gemeint, die sich im Zuge der Bildwahrnehmung einstellen kann. Eben diese Erfahrungswerte schaffen interessante Verbindungen zur künstlerischen Grundhaltung der Romantik. Zu den Hauptvertretern zählen Adolph Gottlieb, Barnett Newman, Ad Reinhardt und in besonderer Weise Mark Rothko. Das Colourfield Painting setzt sich durch seine kontemplative Haltung von dem dynamisch bewegten → Action Painting deutlich ab. Beide Strömungen praktizieren das Prinzip des → All over, d.h. der vollständig gleichmäßigen Bedeckung der Leinwand mit Farbe, ohne dass dabei Zentren oder Bildhierarchien entstehen.

Combine Painting

Der Begriff „Combine Painting" (engl. *to combine* = zusammenstellen, verbinden) stammt von Robert Rauschenberg, mit dessen Werk es eng verbunden ist. In Anlehnung an → Collagen des → Dadaismus und → Surrealismus schuf er bereits ab 1953 erste Combine Paintings, die sich als Verbindung von Objekten (→ Objektkunst) mit → Malerei charakterisieren lassen. Verwendung finden Materialien und Objekte (→ Objet trouvé) wie Holz, Metall, Glas, Stoff, Tapetenreste, Stühle, Uhren, Kissen, Radios, Lampen und sogar Tierpräparate. Teilweise sind diese übermalt, so dass eine partielle Integration in das Bild stattfindet, auf das die Materialien montiert sind. Die Verwendung abgenutzter Alltagsgegenstände industrieller Massenproduktion rückt das Combine Painting in die Nähe der Objektkunst. Kunsthistorisch betrachtet, bewegt es sich zwischen dem → Abstrakten Expressionismus der fünfziger und der → Pop Art der sechziger Jahre. Neben den „klassischen" Combine Paintings von Robert Rauschenberg sind solche von Jim Dine und Jasper Johns bekannt.

Computerkunst

Der Begriff „Computerkunst" wird für künstlerische Werke verwendet, die mit Hilfe eines Computers und der entsprechenden Software geschaffen wurden. Der Begriff bezeichnet – ähnlich wie die → Videokunst – allein das technische Medium, nicht aber die künstlerischen Inhalte, die sich in alle denkbaren Richtungen verzweigen. Bei Computerkunst handelt es sich typischerweise um sog. Plots, d.h. um Ausdrucke auf Papier, Folie etc. von am Bildschirm gezeichneten oder collagierten Werken. Dabei spielt der Inkjetprint eine zentrale Rolle, ein vergleichsweise günstiges Druckverfahren, um die am Bildschirm entstandenen Werke zu materialisieren. Die Größe und die Qualität der Plots stehen in direkter Abhängigkeit zu den technischen Möglichkeiten des Druckers. Im Unterschied zur klassischen → Zeichnung kennt die Computerkunst kein Original. Die Auflagenhöhe ist – im Gegensatz zur klassischen → Druckgrafik – rein technisch gesehen so gut wie unbegrenzt, auch wenn viele Computerplots nur in einer bestimmten → Auflage angeboten werden. Das künstlerische Werk ist auf einem Datenträger abgespeichert und kann im Prinzip beliebig oft ausgeprintet werden. Dies ist eine in der Geschichte der Kunst revolutionäre Neuerung, deren Möglichkeiten erst in den neunziger Jahren sichtbar wurden. Der Computer erlaubt – je nach der verwendeten Hard- und Software – ungeahnte Möglichkeiten der Bildbearbeitung. Doch nicht nur zweidimensionale Werke entstehen am Computer, auch dreidimensionale Objekte lassen sich durch spezielle Computerprogramme aus festen Werkstoffen herstellen. Erste Computergrafiken entstanden bereits in den fünfziger Jahren, doch erst in den sechziger Jahren in größerem Umfang. Sie orientierten sich in ihrem seriellen, konstruktiven Erscheinungsbild zunächst deutlich an der → Op Art. Entgegen allgemeinen Erwartungen blieb die rasante Entwicklung der Computerkunst auch in den siebziger und achtziger Jahren weitgehend aus. Erst im Verlauf der neunziger Jahre verzeichnete die Computerkunst einen rasanten Aufstieg, der unmittelbar mit der technischen Entwicklung zusammenhängt. Hard- und Software wurden erschwinglich und zugleich immer leistungsfähiger. Insbesondere die jüngere Generation der Kunstschaffenden erprobt die neuen technischen Möglichkeiten und nutzt in zunehmendem Maße auch das Internet, sei dies zur Publikation und Kommunikation der eigenen Werke, sei dies um Bilder, Daten etc. herunterzuladen und am Bildschirm weiterzubearbeiten (→ Netzkunst).

Concept Art

Die Concept Art (engl. *concept* = Begriff, Vorstellung, Idee), auch „Conceptual Art“ oder auf deutsch „Konzeptkunst“ bzw. „Konzeptuelle Kunst“ genannt, entstand Mitte der sechziger Jahre in den USA. Sol

LeWitt gebrauchte den Begriff zum ersten Mal 1966, ursprünglich noch im Zusammenhang mit der → Minimal Art. In der Tat stellt die Concept Art unter dem Gesichtspunkt extremer Reduktion die Fortführung der Minimal Art mit anderen Mitteln dar. Sie strebt eine Entmaterialisierung des Gegenstandes an, so dass derselbe in letzter Konsequenz überhaupt nicht mehr materielle Gestalt annimmt, sondern stattdessen als Idee, Planung, Fotografie, Skizze oder Beschreibung vorliegt. Typische Kunstwerke der Concept Art verzichten weitgehend auf eine sinnliche Präsenz, d.h. auf Farbe, Form, Material, Raumgestaltung etc. Stattdessen besitzen sie den Charakter von Anleitungen, Beschreibungen oder planerischen Konzeptionen. Der Betrachter ist gewissermaßen auf „abstrakte" Angaben und Daten angewiesen, die er in seiner Vorstellung entfalten kann, sofern er ein „Bild" vom jeweiligen Kunstwerk erhalten möchte. Auf diese Weise wird er selbst durch seine Vorstellungstätigkeit aktiv und erfüllt ein wichtiges Ziel der Concept Art, das in der Aktivierung von Vorstellungskraft und Phantasie besteht. Letztlich ist der individuelle Betrachter der Vollender des Kunstwerks. Eine der bekanntesten Arbeiten ist „One and three chairs" (1965) von Joseph Kosuth. Sie besteht aus einem Stuhl, einer Fotografie desselben und einem lexikalischen Text zum Stichwort „Stuhl". Der an sich einfache, unspektakuläre Gegenstand des Stuhls findet sich in drei völlig unterschiedlichen Zuständen von Realität: Als real existierender Gegenstand, als präzise Abbildung und als prägnante Beschreibung, wobei in dieser Reihenfolge der Realitätsgrad ab- und die Allgemeingültigkeit zunimmt. Joseph Kosuth zählt neben Hanne Darboven, On Kawara und Lawrence Weiner zu den bedeutendsten Künstlern der Concept Art. Die Concept Art, die Berührungspunkte mit der

→ Body Art, → Land Art und → Prozesskunst aufweist, übte auf die gesamte Kunstentwicklung der siebziger Jahre wesentlichen Einfluss aus.

Conceptual Art

→ Concept Art

Copy Art

Der Begriff „Copy Art“ (engl. *to copy* = vervielfältigen), anfangs auch „Elektrografie“ oder „Xerografie“ genannt, verknüpft den Wunsch nach exakter Reproduktion einer Vorlage mit dem Streben nach künstlerischem Ausdruck. Zweidimensionale Vorlagen oder Dinge des Alltags werden durch einen Fotokopierer farbig oder schwarzweiß reproduziert, wobei Veränderungen durch Manipulationen am Kopiergerät häufig gezielt herbeigeführt werden. Durch mehrfaches Ablichten und entsprechende Manipulationen (Helligkeit, Größe, Farbe, Schärfe etc.) kann eine Vorlage völlig verändert werden. Dem zunächst spielerisch-gestalterischen Umgang mit dem 1940 erfundenen Trockenkopiergerät folgte etwa ab 1960 eine Phase, die ein breites künstlerisches Spektrum von Bildtechniken und Mischverfahren hervorbrachte. Seit Erfindung der Farbkopie (1968) wurde das gestalterische Repertoire beachtlich erweitert, z.B. durch technische Manipulationen der Geräte oder manuelle Weiterbehandlung der Fotokopie.

Cross-over

Ein modischer Stilbegriff, der sich im Lauf der neunziger Jahre etablierte und Kunstwerke bezeichnet, die sich einerseits zwischen den künstlerischen Disziplinen und andererseits zwischen den Kulturen bewegen. Typischerweise sind sie weder der einen noch der anderen → Kunstgattung zuzurechnen, sondern flottieren frei jenseits traditioneller Ordnungen der Kunstgeschichte. Allerdings ist der Begriff recht unscharf. Ein wesentliches Element bildet oftmals der Einbezug von Musik, Klang und Akustik. Das Cross-over bezieht auch Bereiche außerhalb der bildenden Kunst ein und belegt damit seine grenzüberschreitende Ausrichtung. In den Werken des Cross-over spiegeln sich die schillernde Beliebigkeit des künstlerischen Ausdrucks und die jederzeit verfügbare Bilder- und Klangflut via Computer und Internet (→ Netzkunst), wie sie für die → zeitgenössische Kunst charakteristisch sind. Wesentlichen Einfluss auf die Entstehung des Cross-over hatten die technischen Entwicklungen der → Neuen Medien.

Dadaismus

Die Entstehung des Begriffs „Dadaismus“ ist von Legenden umwoben. Nach einer relativ wahrscheinlichen Version stießen Hugo Ball und Richard Huelsenbeck auf der Suche nach einem passenden Namen in einem Lexikon auf den französischen Begriff „dada“, der soviel wie Pferdchen oder Steckenpferd bedeutet. Unter dem Eindruck des Ersten Weltkrieges entstand der Dadaismus zeitgleich in Zürich und New York, von wo aus er sich rasch ausbreitete. Als eine radikal antibürgerliche Strömung lehnte er alle gesellschaftlich verhärteten Konventionen, lärmenden Hurra-Patriotismus und sogar die Traditionen der Kunst mit schneidender Provokation, ätzender Satire und offener Rebellion ab, ohne öffentliche Schockierungen und Skandale zu scheuen. Der Dadaismus lässt sich als eine heterogene, experimentelle Stilrichtung beschreiben, die von der interdisziplinären Verbindung von → Malerei, → Bildhauerei, Typografie, Musik, Theater und Literatur lebt. Am 8. Februar 1916 gründete der Schriftsteller und Regisseur Hugo Ball in Zürich das „Cabaret Voltaire“, um das sich rasch Emigranten wie der elsässische Maler und Bildhauer Hans Arp, der deutsche Schriftsteller Richard Huelsenbeck, der rumänische Architekt und Maler Marcel Janco oder der rumänische Schriftsteller Tristan Tzara scharten. 1917 ging Huelsenbeck nach Berlin, wo er mit Johannes Baader, John Heartfield und Walter Mehring den sog. Berlin-Dada initiierte, dem sich wenig später George Grosz, Raoul Hausmann und Hannah Höch anschlossen. In Hannover nannte Kurt Schwitters seine Dada-Variante „Merz“, die sich allerdings vom Dadaismus etwas absetzt. Der New Yorker Dadaismus gruppierte sich um die Galerie „291“ des Fotografen Alfred Stieglitz. 1915 ließ sich Marcel Duchamp in New York nieder und erregte mit seinen → Ready-mades großes Aufsehen. Ab 1919 entstand in Paris unter Tzara und den französischen Schriftstellern Louis Aragon, André Breton, Paul Éluard und Philippe Soupault eine wichtige Fortführung des Züricher Dadaismus. Die gesamte Aktionskunst (→ Happening, → Fluxus), der → Neodadaismus der späten fünfziger Jahre in Paris und New York (→ Nouveau Réalisme, → New Realists), die → Concept Art und sogar künstlerische Haltungen in der Gegenwartskunst verdanken dem Dadaismus entscheidende Impulse.

Deckfarben

Sammelbezeichnung für gut deckende, d.h. undurchsichtige Farben mit hohem Pigmentanteil (→ Pigment), die im Gegensatz zu den Lasurfarben (→ Lasur) den Malgrund bzw. darunter liegende Farben *nicht* durchscheinen lassen. Deckfarben sind Acryl (→ Acrylfarben), → Gouache, Öl (→ Ölmalerei), → Pastell und → Tempera.

Décollage

Im engeren Sinn bezeichnet der Begriff „Décollage" (frz. *décoller* = losmachen) die Technik des Plakatabrisses, die insbesondere von den Künstlern des → Nouveau Réalisme entwickelt und gepflegt wurde. Dabei rissen sie die (an Plakatwände geklebten) Plakate in Teilen ab. Die so gewonnenen (oft informellen) Strukturen stehen durch ihre destruktive, „substrahierende" Entstehungsform dem additiven Verfahren der → Collage diametral gegenüber.

Dispersionsfarben

Dispersionsfarben (lat. *dispergere* = verteilen), auch „Binderfarben" genannt, enthalten fein verteilte Kunstharze als → Bindemittel und zeigen in ihren Eigenschaften gewisse Ähnlichkeiten zur → Tempera. Sie sind wasserlöslich, trocknen sehr schnell und können sowohl deckend als auch lasierend (→ Lasur) verwendet werden. Nach dem Trocknen sind sie in der Regel wasserunlöslich. Dispersionsfarben sind zudem geruchsfrei und preiswert.

Divisionismus

→ Neoimpressionismus

Drip Painting

Eine Maltechnik (engl. *drip painting* = Tropfmalerei), auch „Dripping" genannt, bei der dünnflüssige Farbe direkt auf die Leinwand getropft wird, die zumeist horizontal auf dem Boden liegt. Das Auftropfen kann entweder mit einem satt getränkten Pinsel oder mit einer durchlöcherten Blechbüchse geschehen. Durch den relativ unkontrollierbaren Tropfvorgang hält die Kategorie des Zufalls Eingang in die Malerei, so dass in hohem Maße die Subjektivität des Malers zum Ausdruck kommt. In gewisser Weise ist die Geschwindigkeit des Auftropfens nachvollziehbar: Je schneller der Malvorgang, desto dünner die Linie. Das Drip Painting wurde von Jackson Pollock entwickelt (vgl. → Action Painting).

Druckgrafik

Bezeichnung für grafische Erzeugnisse, die durch Druck vervielfältigt werden (→ Grafik). Zu den wichtigsten druckgrafischen Verfahren gehören → Hochdruck, → Tiefdruck, → Flachdruck, → Siebdruck und → Monotypie. Man unterscheidet grundsätzlich zwischen Originalgrafik, bei der die Künstlerinnen und Künstler die Druckform selbst herstellen oder herstellen lassen, und der Reproduktionsgrafik, bei der nach einer fremden Vorlage gearbeitet wird. Im 20. Jh. hat die Reproduktionsgrafik ihre Bedeutung verloren, während sie in früheren Jahrhunderten dazu diente, Bilder oder Skulpturen zu kopieren und zu verbreiten.

Duktus

Wird auch „Pinselduktus“ genannt (lat. *ductus* = Schriftzug, Führung). Damit bezeichnet man die Art und Weise der individuellen Pinselführung eines Künstlers. Von Duktus kann immer dann gesprochen werden, wenn der einzelne Pinselstrich zu sehen ist. In den Fällen einer plakativen Malweise verschwindet dagegen der Duktus hinter einer gleichmäßigen Farbfläche. Durch den Duktus äußert sich ein Teil der Persönlichkeit des Künstlers, daher spielt seine Beurteilung besonders bei emotional aufgeladenen Stilrichtungen eine wichtige Rolle, wie → Expressionismus, → Action Painting, → Informel.

Earthwork

Die Kunstwerke der → Land Art werden manchmal auch als Earthworks (engl. = Erdarbeit) bezeichnet. Sie ziehen sich als überdimensionale Gräben, Spiralen oder Linien durch einsame, oft unzugängliche Landschaften, wo sie manchmal nach einiger Zeit aufgrund der natürlichen Erosion teilweise wieder verschwinden. Andere Arbeiten bestehen aus Beton oder Metall und stehen ebenfalls in spezifischer Beziehung zur umgebenden Landschaft, deren Unendlichkeit und unbeherrschbare Naturgewalten sie subtil unterstreichen. Bekannte Beispiele sind „Complex One/City" (1972-76) von Michael Heizer, ein architekturähnliches Gebilde aus Erde und Beton, „Lightning Field" (1974-77) von Walter de Maria, ein ausgedehntes, mit Stahlstangen bestücktes Gelände, oder „Spiral Jetty" (1970) von Robert Smithson, eine immense Erd- und Steinspirale im Great Salt Lake in Utah (USA).

École de Paris

Die Sammelbezeichnung „École de Paris" umfasst verschiedene Künstlerinnen und Künstler, darunter viele ausländische Emigranten, die zwischen den beiden Weltkriegen in Paris eine gegenständliche, manchmal expressive, manchmal auch stille, lyrische Malerei verfolgten. Ein weiteres Kennzeichen besteht in der gemeinsamen Ablehnung des → Kubismus. Wegen ihrer teils melancholischen, teils fatalistischen Haltung wurden sie auch „Peintres maudits" (verwünschte Maler) genannt. Zu diesem Kreis zählen Marc Chagall, Amedeo Modigliani oder Chaim Soutine. Im weiteren Sinn bezeichnet der Begriff alle Künstler, die in Paris an der Entwicklung der → Moderne beteiligt waren, z.B. auch die Maler des → Fauvismus und Kubismus. Allerdings ist diese Bedeutung ziemlich ungenau. Fest steht, dass mit dem Ausbruch des Zweiten Weltkrieges und der sich daran anschließenden Emigration der führenden Künstlerpersönlichkeiten in die USA das Ende der École de Paris gekommen war. Gelegentlich spricht man von einer zweiten École de Paris in den Jahren nach 1945, als in Paris → Informel und → Tachismus zur Entfaltung kamen.

Écriture automatique

Der Begriff „Écriture automatique" (frz. = automatische Niederschrift) bezeichnet das zentrale Arbeitsverfahren des → Surrealismus, welches eine wichtige Anregung der Psychoanalyse Sigmund Freuds verdankt. Auf unterschiedliche Weise (z.B. durch Hypnose, Meditation, Alkohol) in Trance versetzt, galt das Anliegen der Surrealisten der Ausschaltung von Bewusstsein und rationaler Kontrolle, so dass Bereiche des Unbewussten ungehindert zur Entfaltung gelangen konnten. Somit diente die Écriture automatique als ein wichtiges Verfahren, um zu tieferliegender Inspiration und letztlich zu neuen Wirklichkeitswerten zu gelangen.

Empaquetage

Unter dem Begriff „Empaquetage" (frz. *empaqueter* = einpacken) versteht man die Verpackung von Gegenständen. Bereits 1920 schuf Man Ray eine Empaquetage, der er den Titel „Das Rätsel der Isidore Ducasse" gab. Dahinter verbirgt sich eine mit Decke und Schnur verpackte Nähmaschine. Durch ihre Unkenntlichkeit ruft diese Arbeit ein breites Spektrum an Assoziations-

und Interpretationsmöglichkeiten hervor, die sich stets mit Erinnerungsmomenten an den möglichen Gegenstand auseinandersetzen. Im Prinzip sind damit bereits wesentliche Aspekte der bekannten Empaquetagen von Christo angesprochen, der unbestritten als ihr Hauptvertreter gilt (→ Nouveau Réalisme). 1958 mit kleinen Gegenständen beginnend, verpackte Christo zunächst Flaschen, Dosen und Ölfässer. In den sechziger und siebziger Jahren wurden seine Empaquetagen immer umfangreicher und ihre Vorbereitung immer komplizierter: So verpackte er beispielsweise 1968 die Kunsthalle Bern, 1995 den Reichstag in Berlin.

Enkaustik

Die Enkaustik (lat. *encausis* = Wachsmalerei) ist ein altes Verfahren der Malerei, bei dem Farben unter Anwendung von Wärme mit Wachs gebunden und flüssig gemacht werden, um sie anschließend in einen geeigneten Malgrund einzuschmelzen. Zum Verteilen der aufgesetzten Farben dienen Spachtel, bei sehr dünnflüssigen Wachsfarben wird mit einem Borstenpinsel gearbeitet. Die Enkaustik lässt einen lasierenden (→ Lasur) und pastosen Auftrag zu sowie die Techniken des Schabens, Punktierens oder Linierens. Vereinzelt wird im 20. Jh. wieder von der Enkaustik Gebrauch gemacht, z.B. von Jasper Johns.

Entartete Kunst

Eine diffamierende Bezeichnung der nationalsozialistischen Diktatur für diejenige bildende Kunst, die nicht ihrer eigenen ideologisch korrumpierten Kunst entsprach. Darunter fielen praktisch die gesamte → Avantgarde des frühen 20. Jh.s und sogar einige zentrale Wegbereiter der → Moderne wie Paul Cézanne, Paul

Gauguin oder Vincent van Gogh. In der Ausstellung „Entartete Kunst" wurden 1937 zahlreiche als minderwertig, degeneriert und volksschädigend gebrandmarkte Kunstwerke vom → Impressionismus bis in die dreißiger Jahre an den Pranger gestellt. Die Ausstellung fand im neu eröffneten „Haus der deutschen Kunst" in München statt und war anschließend noch in zahlreichen Städten Deutschlands zu sehen. Viele Exponate wurden 1938 über die Galerie Fischer in Luzern an ausländische Museen und Sammler verkauft. 1939 wurden in Berlin mehrere tausend Bilder und etwa 4000 Grafiken verbrannt. In deutschen Museen und privaten Sammlungen beschlagnahmten die Nationalsozialisten insgesamt mehr als 16 000 Kunstwerke. Die betroffenen Künstlerinnen und Künstler erhielten – sofern sie nicht ins Ausland emigrieren konnten – Ausstellungs- und Malverbot. Die schweren Verluste der Museen, die sich auf die Moderne spezialisiert hatten, konnten nach 1945 nicht mehr durch neue Ankäufe ausgeglichen werden. Längst waren die Preise gestiegen und die guten Werke vernichtet oder in fester Hand. Zu den „entarteten Künstlern" zählten Ernst Barlach, Georges Braque, Marc Chagall, Giorgio de Chirico, Lovis Corinth, Otto Dix, Max Ernst, Erich Heckel, Wassily Kandinsky, Ernst Ludwig Kirchner, Paul Klee, Oskar Kokoschka, August Macke, Franz Marc, Henri Matisse, Emil Nolde, Pablo Picasso, Karl Schmidt-Rottluff u.a.

Environment

Unter einem Environment (engl. = Umgebung, Umwelt) werden komplexe, dreidimensionale Raumgestaltungen verstanden, die in der Regel begehbar sind, oft einen ganzen Innenraum ausfüllen können und manchmal auch im Außenraum ein städtisches Architekturgefüge akzentuieren. Das Environment lässt sich in einem schwer definierbaren Bereich zwischen → Malerei, → Objektkunst, → Skulptur und → Installation lokalisieren, wobei die Anteile dieser → Kunstgattungen ganz unterschiedlich ausfallen können. Neben der charakteristischen Gattungsüberschneidung – es handelt sich um eine grundlegende Erweiterung der Skulptur – tritt als weiteres Merkmal oft ein szenisches Moment hinzu, das bühnenbildartig die einzelnen Bestandteile arrangiert, so dass in hohem Maße eine erzählerische Struktur entstehen kann. Darüber hinaus reagiert das Environment bisweilen auf vorhandene Architektur, was besonders auf Arbeiten im Außenraum zutrifft. Als Vorläufer können der „Prounen-Raum“ (1923) von El Lissitzky und der „Merzbau“ (ab 1923) von Kurt Schwitters betrachtet werden. Die Entstehung des Environments im eigentlichen Sinn (gegen Ende der fünfziger Jahre) war eng verbunden mit dem → Happening, als dessen räumliche Relikte es bezeichnet wurde, so im Zusammenhang mit Aktionen von Allan Kaprow. Doch schon in den sechziger Jahren änderte sich der begriffliche Kontext im oben beschriebenen Sinn einer begehbaren Raumgestaltung. Mittlerweile gelten die Environments von Edward Kienholz und George Segal als „klassische“ Beispiele. Joseph Beuys bezog ganze Räume in seine Environments ein. Dani Karavan greift mit seinen ausgedehnten Arbeiten bevorzugt in (Park-) Landschaften und die städtische Umgebung ein. Weitere Beispiele von Jannis Kounellis, Maria Nordman oder Wolf Vostell lassen sich anschließen.

Expressionismus

Der Expressionismus (frz. *l'expression* = Ausdruck) ergriff zu Beginn des 20. Jh.s alle Bereiche der Kunst: Architektur, Malerei, Grafik, Bildhauerei, Literatur und

Musik. Als Gegenbewegung zum → Impressionismus zählt zu seinen wesentlichsten Kennzeichen die Abkehr von der äußeren Wirklichkeit zugunsten des Ausdrucks der inneren, seelischen Empfindung und Befindlichkeit des Künstlers. An die Stelle des idealistisch geprägten Menschenbildes des 19. Jh.s tritt die psychologisierende Darstellung des von Anonymität, Isolation und Entfremdung der Großstadt gezeichneten Individuums. Die künstlerischen Mittel entsprechen in der radikalen Reduktion von Perspektive, Bildaufbau, Realitätsnähe und in der Bedeutung der reinen Farbe vollständig dem zutiefst emotional-dynamischen Subjektivismus. Der Zeitraum expressionistischer Kunst konzentriert sich im wesentlichen auf die Jahre 1905-25 mit Schwerpunkt in Deutschland. Zu den Vorläufern rechnen Vertreter des späten Impressionismus, des → Symbolismus und des → Jugendstil. Zwei Künstlergruppen bilden die „Kristallisationspunkte" der Bewegung und formulieren zugleich zwei Polaritäten des expressionistischen Schaffens: die „Brücke" in Dresden und später in Berlin (1905–13; Erich Heckel, Ernst Ludwig Kirchner, Karl Schmidt-Rottluff u.a.) und der „Blaue Reiter" in München (1911–12; Wassily Kandinsky, Franz Marc u.a.). Die Themen variieren zwischen Natur und Großstadt, während sich die künstlerischen Mittel durch grelle, vom Naturvorbild abweichende Farben und enorme Flächigkeit der Form von der äußeren Realität entfernen – ein Charakteristikum, das in der transzendenten Malerei des „Blauen Reiter" noch wesentlich deutlicher hervortritt. Insbesondere die Arbeiten von Kandinsky tendieren weit in die Abstraktion, während die Bilder Franz Marcs einen kubistischen Einfluss (→ Kubismus) verraten. Unmittelbar vor dem Ersten Weltkrieg erreichte der Expressionismus seinen Höhepunkt. In der Nachkriegszeit erschöpfte er sich rasch und setzte sich in der → Neuen Sachlichkeit fort. Die expressionistische Geste zeigte sich erneut nach 1945 im → Abstrakten Expressionismus und dem → Informel. Um 1980 griffen die → Neuen Wilden auf den Expressionismus zurück.

Farbfeldmalerei

→ Colourfield Painting

Farbfotografie

Die Farbfotografie ist ein Verfahren, Objekte in ihren natürlichen Farben wiederzugeben (vgl. → Fotografie). Schon Ende des 19. Jh.s gelang es, mit Hilfe von sog. Dreifarbenkameras farbige Fotografien herzustellen. Ein Motiv wurde dabei nacheinander durch rote, grüne und blaue Filter belichtet und nach der Entwicklung entweder übereinanderprojiziert oder -gedruckt (subtraktives Verfahren). Die industrielle, d.h. massenhaft verbreitete Farbfotografie setzte dann 1903 mit der Erfindung der Autochrometechnik durch die Gebrüder Auguste und Louis Lumière ein. Der Durchbruch der Farbfotografie gelang dann Mitte der dreißiger Jahre des 20. Jh.s durch die Erfindung des Mehrschichten-Farbumkehrverfahrens der Firmen Agfa und Kodak. Die Weiterentwicklung dieses Verfahrens führte 1940 zum Farbnegativfilm, der bis heute verwendet wird.

Farbholzschnitt

Besteht beim → Holzschnitt prinzipiell die Möglichkeit, die Druckform anstelle des Schwarz mit einer anderen Farbe einzufärben (oder verschiedene Farben auf einer einzigen Druckform aufzutragen), so verlangt man vom echten Farbholzschnitt, dass für jede gedruckte Farbe jeweils eine Andruckplatte angefertigt wird. Diese

Druckplatte enthält nur den Teil einer Zeichnung, der in einer bestimmten Farbe erscheinen soll, so dass erst der Zusammendruck der verschiedenen Platten die vollständige Darstellung ergibt. Neben dem Übereinanderdruck unterschiedlich eingefärbter Einzelplatten gibt es ferner die Möglichkeit, den Druckstock zu zersägen und die Einzelteile nach der unterschiedlichen Einfärbung wieder zusammenzufügen. Edvard Munch wie auch Erich Heckel, Ernst Ludwig Kirchner und Karl Schmitt-Rottluff bedienten sich dieser Technik.

Farblithografie

Die Farblithografie, auch „Chromolithografie" (griech. *chroma* = Farbe) genannt, ist ein Verfahren der → Lithografie zur Reproduktion farbiger Vorlagen. Dabei werden die Umrisskonturen und die Grenzen der einzelnen Farbflächen mit Pauspapier auf den Stein übertragen, wobei die Anzahl der gewünschten Farben die Anzahl der zu bearbeitenden Steine bestimmt. Im Prinzip werden für die Farblithografie so viele Steine benötigt (oft bis zu 15 und mehr), wie Farben vorgesehen sind, jedoch sind durch geschicktes Übereinanderdrucken Mischtöne möglich. Die farbigen Partien werden jeweils mit Tusche oder Kreide auf die Steine gebracht und wie bei der Lithografie präpariert. Die handwerklichen Anforderungen bei diesem Verfahren sind sehr groß. Zum einen muß die Passgenauigkeit der verschiedenen Drucksteine gewährleistet sein, zum anderen muß der Lithograf die in der farbigen Vorlage enthaltenen Farben auf mehrere Druckformen zerlegen. Berühmt wurden die Farblithografien von Henri de Toulouse-Lautrec, der sie vor allem für seine Plakatkunst nutzte. Im 20. Jh. arbeiteten u.a. Pierre Bonnard, Georges Braque, Pablo Picasso, Robert Rauschenberg und Édouard Vuillard mit dieser Technik.

Fauvismus

Der Fauvismus (frz. *les fauves* = wilde Tiere) gilt in den Jahren 1905 bis 1908 als führende Stilrichtung der modernen Malerei in Frankreich. Der bedingungslose Kampf um die Vorherrschaft der Farbe, die sich konsequenterweise von der Bezeichnung des Gegenstandes löst und stattdessen autonomen, vom Gegenstand unabhängigen Charakter annimmt, stellt das markanteste Kennzeichen dar. Die lose Gruppierung der Fauvisten um Henri Matisse trat zum ersten Mal 1905 im Pariser Herbstsalon auf, wo sie sofort wegen ihrer explosiven Farbigkeit einen Skandal erregten und massiv beschimpft wurden. Anlässlich dieser Ausstellung prägte der französische Kunstkritiker Louis Vauxcelles den Begriff „Fauves", wovon sich die Stilbezeichnung ableitet. Der Fauvismus basiert u.a. auf dem → Neoimpressionismus, wie er von Georges Seurat und Paul Signac in den achtziger Jahren des 19. Jh.s formuliert wurde. Die Bildinhalte und Motive wie Landschaft, Porträt oder Stillleben erinnern an den → Impressionismus, doch die Neuerungskraft der Fauves bezieht sich auf die Art und Weise der Darstellung. Die souveräne Handhabung von Primär- und Sekundärfarben, die sich zum Teil radikal von ihrem Motiv ablösen, und die Vernachlässigung von Perspektive und Proportionsverhältnissen zeichnen die Strömung aus. Ein unmittelbarer, spontan gesetzter Pinselduktus verrät die emotionale Beteiligung des Künstlers, die sich gleichfalls in den geschickt durch → Komplementär- und → Simultankontraste dynamisierten Farben ausspricht. Ein charakteristisches Kennzeichen ist die Reduktion der Bildelemente auf große Farbflächen, die neben ihrer emotionalen auch eine dekorative Komponente zeigen. Diese Tendenz zum spielerisch gesetzten, ornamentalen Dekor bildet ein wesentliches Unterscheidungskriterium zum → Expressionismus in Deutschland. Bereits ab 1907 machen sich erste Auflösungserscheinungen bemerkbar: Georges Braque und André Derain wenden sich dem → Kubismus zu. Als zentrale Vertreter sind zu erwähnen: Georges Braque, André Derain, Kees van Dongen, Raoul Dufy, Othon Friesz, Henri Matisse, Maurice de Vlaminck u.a. Fauvistische Traditionen leben in der → École de Paris der zwanziger und dreißiger Jahre weiter.

Faxkunst

Wie die → Computer- oder die → Videokunst gründet sich die Faxkunst auf die technische Entwicklung der → Neuen Medien. Die Faxkunst basiert auf dem Telefax, eine Fernkopiereinrichtung, die über das öffentliche Fernsprechnetz abgewickelt wird. Das zu kopierende Blatt Papier wird von einem Lichtstrahl abgetastet und in Frequenzen umgesetzt, die durch das Empfängergerät dekodiert und auf ein entsprechendes Blatt übertragen werden. Die Geräte sind international genormt, so dass eine weltweite Übertragung möglich ist. Neben Text können ebenso bildliche Darstellungen übermittelt werden. Die Faxkunst entwickelte sich im Lauf der achtziger Jahre. Der Vorgang der Übertragung besitzt oft aktionistischen Charakter (→ Aktionskunst). Währenddessen kann sich im (Ausstellungs-) Raum des Übertragungsempfangs eine große Menge endloser Papierbahnen ansammeln. Das Interesse der Faxkunst besteht in der Vergegenwärtigung der spielerischen Überbrückung großer Distanzen mit Hilfe der technischen Möglichkeiten. Andererseits liegt ihr Reiz in der Veranschaulichung der durch die Maschine entindividualisierten Handschrift des Künstlers, da die durch das Telefax übermittelten Zeichen eine charakteristische Rasterstruktur aufweisen.

Federzeichnung

Die Federzeichnung gehört zu den ältesten und wichtigsten Techniken der → Zeichnung und war bereits in der altägyptischen Kunst bekannt. Grundsätzlich lassen sich drei verschiedene Arten von Federn unterscheiden: Die zumeist aus Schilf geschnittene Rohrfeder (lat. canna) mit gespaltener Spitze ergibt einen relativ breiten Strich und war insbesondere im Altertum bis in das Mittelalter hinein gebräuchlich, erlebte jedoch im 16. Jh. eine erneute Blüte. Seit dem 6. Jh. fand die Kielfeder (lat. penna) Verwendung, die aus den Schwungfedern von Gans oder Schwan gewonnen wird und eine deutlich feinere Linie ermöglicht. Nachdem die Kielfeder im Mittelalter die Rohrfeder abgelöst hatte, wurde sie selbst im 19. Jh. von der aus rostfreiem Stahl bzw. Edelmetalllegierungen bestehenden Metallfeder verdrängt, die Aloys Senefelder im Zusammenhang mit der Erfindung der → Lithografie für das Zeichnen populär machte. → Tusche und Tinte werden als Zeichenmittel gebraucht. Weite Verbreitung erreichte die schwarze Chinatusche und seit dem 18. Jh. die braunblaue → Sepia. Im 20. Jh. werden manchmal auch synthetisch hergestellte farbige Tuschen gebraucht. Häufig finden sich → Lavierungen und außerdem Kombinationen mit der → Pinselzeichnung, wobei die Federzeichnung typischerweise durch ihre linearen, eher stabilisierenden Eigenschaften das Bildgerüst sichert, während die Pinselzeichnung malerische Wirkung entfaltet.

Firnis

Als transparente. schnell trocknende Lösung schützt der Firnis (frz. *le vernis* = Lack) Gemälde gegen Feuchtigkeit, Staub und den Sauerstoff in der Luft. Darüber hinaus erscheinen die Farben tiefer und brillanter. Die Zusammensetzung der sowohl matten als auch glänzenden Firnisse ist sehr unterschiedlich, entsprechend weichen auch die Eigenschaften voneinander ab. Grundsätzlich unterscheidet man Alkohol-, Harz-, Kunstharz-, Leinöl- und Terpentinölfirnisse. Zumeist werden Harze, wie z.B. Dammar oder Mastix, in flüchtige Lösungen versetzt, die durch Sikkative (Trockenstoffe) rasch auftrocknen. Je nach ihrer Zusammensetzung vergilben einige Firnisse nach sehr langer Zeit und verändern bzw. dunkeln die Farben des Gemäldes ab, so dass eine entsprechende Reinigung erforderlich wird.

Fixativ

Das Fixativ (lat. *fixus* = fest) besitzt eine klebende Wirkung, um → Bleistift-, Graphit-, → Kohle-, → Kreide-, → Pastell- oder Rötelzeichnungen zu fixieren, d.h. unverwischbar zu machen. Das Fixativ ist eine farblose Lösung, die zumeist aus Schellack oder Zaponlack besteht. Es trocknet schnell und wird mit einem Zerstäuber aufgesprüht. Besonders bei reichlicher Verwendung müssen manchmal leichte Farbveränderungen in Kauf genommen werden. Die Verwendung von Fixativen kann bis ins 15. Jh. zurückverfolgt werden.

Flachdruck

Anders als beim → Hochdruck oder → Tiefdruck, die sich durch Höhenunterschiede zwischen nicht druckenden und druckenden Partien einer Platte definieren, liegen beim Flachdruck die druckenden und nicht druckenden Teile auf einer Ebene. Die druckenden Elemente einer Zeichnung (oder Schrift) werden mit wasserabstoßenden, fetthaltigen Substanzen (Kreiden, Stiften oder Tuschen) auf die Druckplatte gebracht; die nicht druckenden Partien werden mit Wasser angefeuchtet. Bringt man nun (fettige) Druckfarbe auf die Platte, so wird diese vom Wasserfilm abgestoßen, von den fetthaltigen Partien jedoch angenommen und im späteren Druck wieder abgegeben. Wesentlich wird diese Trennung durch die chemischen und oberflächenphysikalischen Eigenschaften der Druckplatte bestimmt, die beim Flachdruck ursprünglich aus Kalkstein bestand (→ Lithografie). Heute werden auch Platten aus Zink oder Aluminium verwendet. Aloys Senefelder entdeckte dieses Prinzip 1787 und entwickelte daraus die wichtigsten Flachdruckverfahren und Hilfstechniken. Charakteristisch für den Flachdruck ist sein weiches, „flaches" Bild, das auf der Oberfläche des Papiers zu ruhen scheint. Dem Künstler ermöglicht der Flachdruck größte technische Freiheiten und Entfaltungsmöglichkeiten, weil ihm durch das Material der Platte keine Widerstände entgegengesetzt werden. Zu den bekanntesten Flachdruckverfahren gehören Algrafie, Lichtdruck, Lithografie und Offsetdruck.

Fluxus

Fluxus (lat. = flüssig, fließend) ist eine Form der → Aktionskunst der späten fünfziger und frühen sechziger Jahre und vom zeitgleichen → Happening nur schwer zu unterscheiden. Als ein szenisches Geschehen verband es die unterschiedlichsten künstlerischen Disziplinen wie bildende Kunst, Musik, Pantomime, Tanz und Theater. Dabei spielten Musik bzw. akustische Signale und Effekte eine hervorgehobene Rolle. Im Gegensatz zum Happening war eine Beteiligung der Zuschauer nicht vorgesehen. Anders als das Happening folgte das Fluxus einer „Partitur", d.h., der Ablauf des Geschehens (auch „Konzert" genannt) war vorherbestimmt. Historische Anknüpfungspunkte bestehen zu den gattungsübergreifenden Aktionen des → Dadaismus. Keimzellen des Fluxus waren die von John Cage an der „New School of Social Research“ in New York Ende der fünfziger Jahre durchgeführten Kurse für „Experimentelle Komposition“. Unter wesentlichem Einbezug von Musik und akustischen Elementen entstanden aus den Teilnehmerkreisen (George Brecht, Al Hansen, Dick Higgins u.a.) die ersten Fluxusaktivitäten. Die großen Fluxus-Konzerte fanden 1962/63 in westeuropäischen Städten statt: Kopenhagen, Den Haag, Amsterdam, London, Düsseldorf, Nizza, Paris und in besonderem Maße Wiesbaden. Um 1962 erfolgte eine Verschmelzung mit dem Happening und in den späten sechziger Jahren trat die → Performance an die Stelle von Happening und Fluxus. Die grundlegenden Ziele des Fluxus sind mit denjenigen des Happening weitgehend identisch: Verbindung von Kunst und Leben, Abbau von gesellschaftlich determinierten Normen, Erweiterung des Kunstbegriffs durch eine radikale Auflösung der Grenzen zwischen den → Kunstgattungen und schließlich eine Steigerung der Erlebnisfähigkeit des Publikums. Zu den Fluxusaktionisten zählen: Joseph Beuys, George Brecht, John Cage, Robert Filliou, Al Hansen, Dick Higgins, Allan Kaprow, George Maciunas, Claes Oldenburg, Wolf Vostell u.a.

Fotocollage

→ Fotomontage

Fotografie

Fotografie (griech. *phos* = Licht; *graphein* = schreiben) ist ein Verfahren, Abbildungen von Gegenständen auf lichtempfindlich gemachten Schichten (Glasplatten oder Film) zu erzeugen. In der Regel bestehen solche Schichten aus Halogensilber, das (zusammen mit Gelatine) auf einen Träger wie Glas oder Film aufgebracht wird. Belichtet man diese Schicht entweder direkt (→ Fotogramm) oder mit Hilfe einer Kamera, so zeigt sie nach ihrer Entwicklung und Fixierung ein Negativ (bei sog. Umkehrfilmen ein Positiv). Durch Kopieren oder Vergrößern ergibt sich aus einem solchen Negativ in einem nochmaligen Umkehrverfahren ein seitenrichtiges und in seinen Tonwerten adäquates Positiv (auf Papier). Vom ersten fixierten Foto, das Joseph Nicéphore Niepce 1822 mit der sog. → Camera obscura herstellte, gingen die technischen Entwicklungsstufen der Fotografie über die Daguerreotypie zur Kalotypie. Zwischen 1900 und 1920 trat die Fotografie durch zahlreiche Ausstellungen als künstlerisches Medium an die Öffentlichkeit. Fotografen wie August Sander, Carl Bloßfeld oder Albert Renger-Patsch fanden zu ihrem eigenen Stil, aber auch die Künstler des → Bauhauses, die → Konstruktivisten (insbesondere El Lissitzky, Alexander Rodtschenko und Lászlo Moholy-Nagy), → Surrealisten, → Futuristen und → Dadaisten nutzten die Ausdrucksmöglichkeiten der Fotografie. Die Erfindung des → Sofortbilds inspirierte zahlreiche Künstler (z.B. Richard Hamilton oder Andy Warhol) zu fotografischen Experimenten. In den sechziger Jahren entstanden Werke im Sinn des → Fotorealismus (z.B. Chuck Close oder Franz Gertsch). In den achtziger Jahren bildete sich im Umfeld von Bernd und Hilla Becher an der Kunstakademie Düsseldorf ein fruchtbares Klima der Neubesinnung auf die Möglichkeiten der Fotografie, getragen durch eine junge Künstlergeneration, z. B. Andreas Gursky, Candida Höfer, Axel Hütte, Thomas Ruff, Thomas Struth. In den neunziger Jahren etablierte sich die künstlerische Fotografie als eine der dominierenden → Kunstgattungen. Zu den wichtigen Fotokünstlern der Gegenwart zählen: Nobuyoshi Araki, Peter Fischli/David Weiß, Nan Goldin, Cindy Sherman, Jeff Wall.

Fotogramm

Als Erfinder des Fotogramms gilt der Engländer William Henry Fox Talbot, der um 1840 erstmals mit einer Auswahl seiner „fotografischen Zeichnungen“, die er mit Sonnenlicht belichtet hatte (Motive wie Schmetterlinge, Blumen und Pflanzen), an die Öffentlichkeit trat. Beim Fotogramm werden ein oder mehrere Gegenstände auf lichtempfindliches Papier gebracht (der Gegenstand hat dabei direkten Kontakt mit der lichtempfindlichen Schicht) und belichtet. Als „kameralose“ → Fotografie entstehen dadurch silhouettenhafte Darstellungen weiß auf schwarzem Grund. In der Natur des Fotogramms liegt eine gewisse Unschärfe, die jedoch eine besonders malerische Ausstrahlung hervorruft und so den künstlerischen Charakter unterstreicht. Die Mischung der Materialien und Formen, ihre Anordnung auf dem Fotopapier sowie die Art und Weise der Beleuchtung (starre, bewegliche, einzelne oder mehrere Lichtquellen) lassen eine Vielfalt von künstlerischen Ausdrucksmöglichkeiten zu, die insbesondere Christian Schad in seinen „Schadografien“ und ab 1920 Man Ray in seinen oft abstrakt angelegten → Rayogrammen entwickelten. Beide Künstler erprobten verschiedene Techniken wie z.B. die Vergrößerung und partielle Belichtung bestimmter Formen oder den Effekt sich überlagernder Halbtöne. Man Ray beeinflusste dabei das Werk von Lászlo Moholy-Nagy, insbesondere jedoch die → Fotomontagen von George Grosz und John Heartfield. Als Vertreter des russischen → Konstruktivismus nutzten El Lissitzky und Alexander Rodtschenko die Fotogrammtechnik.

Fotomontage

Bei der Fotomontage, die ihren Ursprung in der → Collage hat, entstehen durch Kombination von fotografischen Motiven, die durch zeichnerische oder andere Elemente ergänzt werden, völlig neue und oft überraschende Bildinhalte. Man unterscheidet im wesentlichen drei Techniken. Bei der sog. Positivmontage oder Fotocollage werden Details aus vorhandenen oder speziell für die Montage erstellten Fotos (auch aus Zeitschriften oder Zeitungen) ausgeschnitten und zu einem neuen Bild zusammengeklebt; bei der sog. Belichtungsmontage verändert man in der Dunkelkammer bestimmte Motive oder Motivdetails durch fotochemische oder labortechnische Verfahren und kopiert sie direkt als Fotomontage zusammen. Bei der Filmmontage, auch „Sandwich-Verfahren“ genannt, werden mehrere Filme übereinander gelegt und gemeinsam vergrößert bzw. kopiert, was eine optimale Kontrolle der Komposition und der beabsichtigten Effekte zulässt. In jüngster Zeit ergeben sich durch die Möglichkeiten digitaler Bildbearbeitung am Computer nahezu unerschöpfliche Potentiale der Veränderung des Ausgangsmaterials bis hin zu fotografischen Bildern, in denen Realität und Fiktion ununterscheidbar verschmelzen. Bedeutende, zumeist provozierende und experimentelle Fotomontagen entstanden Anfang des 20. Jh.s. In den Arbeiten des → Dadaismus erscheint die Wirklichkeit als brüchig und vorbildlos. Bedeutende Fotomontagen schufen die Künstler des → Bauhauses im Zusammenhang mit der Plakatgestaltung. In den fünfziger Jahren erlebte diese Technik durch den → Nouveau Réalisme eine fruchtbare Wiederbelebung. Klaus Staeck und Wolf Vostell nutzten in den siebziger Jahren die Fotomontage, um mit beißender Ironie gesellschaftliche Strukturen zu hinterfragen.

Fotorealismus

Gegen Ende der sechziger Jahre entstand in den USA der Fotorealismus (auch „Hyperrealismus“) als Gegenbewegung zur Dominanz der → abstrakten Kunst und → Aktionskunst. Der Begriff umfasst sowohl Malerei als auch Skulptur und wurde spätestens im Zusammenhang mit der Ausstellung „The Photografic Image“ gebräuchlich, die 1966 im Solomon R. Guggenheim Museum in New York stattfand. Der Fotorealismus in der Malerei bedient sich neben dem Porträt vorwiegend trivialer Motive wie Stadtlandschaften, Läden, Autos etc. Die häufig mit dem Airbrush und Acrylfarben technisch perfekt gemalten Darstellungen nehmen zum Teil lange Arbeitszeit in Anspruch. In der Regel gebrauchen die Maler bei der Erstellung der zumeist überdimensional großen Bilder fotografische Hilfsmittel. Häufig dient ein Foto als Vorlage und wird beispielsweise als Dia auf die Leinwand des zu malenden Bildes projiziert, so dass nicht nur die Proportionen garantiert, sondern auch die Farbvaleurs genau festgelegt sind. Die Leistung des Fotorealismus besteht vor allem in der kritischen Hinterfragung der Realität, was notwendigerweise zu einem eigenartigen Paradoxon führt: Obwohl größtmögliche Realitätsnähe hergestellt wurde, ist die dargestellte Wirklichkeit nicht mit der Lebenswirklichkeit identisch, sondern die Abbildung erscheint steril und eingefroren, eine merkwürdige Verunsicherung tritt ein. Damit entlarvt der Fotorealismus die im Bilde imitierte Wirklichkeit als Illusion: Was in den Werken des Fotorealismus Bestand hat, ist nicht die Darstellung der Wirklichkeit, sondern diejenige der Illusion. Mit Ausnahme des Schweizers Franz Gertsch sind die bekanntesten Fotorealisten in den USA beheimatet: Chuck Close, Don Eddy, Richard Estes, Ralph Goings, Howard Kanovitz, Richard McLean, Malcolm

Morley, Ben Schonzeit u.a. Vergleichbare fotorealistische Formulierungen entwickelten auch Bildhauer, z.B. John de Andrea und Duane Hanson.

Frottage

Die Frottage bezeichnet ein manuelles Durchreibeverfahren von Oberflächenstrukturen. Dünnes, jedoch festes Papier wird angefeuchtet und über einen Gegenstand gelegt. Mit einer Bürste oder einem Tampon wird das Papier auf die Struktur des Reliefs gedrückt und dann mit einer Walze eingefärbt. Auf diese Weise kann ein plastischer Abzug des durchgedrückten Objekts erzielt werden, ohne das Objekt selber durch Einfärben zu entwerten. Max Ernst entwickelte die Technik der Frottage für zahlreiche surrealistische Blätter (vgl. → Surrealismus).

Futurismus

Mit dem am 20.2.1909 im „Le Figaro“ erschienenen „Ersten Manifest des Futurismus“ des Schriftstellers Filippo Tommaso Marinetti entstand die kämpferische Bewegung des italienischen Futurismus (lat. *futurus* = zukünftig), die sich mit seltener Radikalität gegen jegliche Tradition und historische Kontinuität richtete. Stattdessen proklamierten die Futuristen Giacomo Balla, Umberto Boccioni, Carlo Carrà, Marinetti, Luigi Russolo und Gino Severini neue, provozierende ästhetische Prinzipien, indem sie z.B. die Schönheit eines aufheulenden Autos über diejenige der Nike von Samothrake stellten. In einer solchen Werteskala äußert sich zugleich die euphorische Technikbegeisterung der Gruppierung, die gänzlich der Gegenwart zugewandt war und einen ausgeprägten Hang zur Vision und Utopie entwickelte. Die Vorstellungen und

Ziele traten in einer Fülle futuristischer Manifeste zutage. In Anlehnung an den → Kubismus suchten die Futuristen Bewegungsenergien im Bild umzusetzen, sahen sie doch in Bewegung und Tempo den technischen Fortschritt wirksam werden. Entscheidende Bedeutung erhielt die simultane Darstellung von Bewegungsabläufen, wie sie in der Technik des Cinematismus umgesetzt wurde. Ein und derselbe Gegenstand wird in verschiedenen Bewegungsphasen festgehalten. Ein weiteres Gestaltungsprinzip findet sich in der räumlichen Durchdringung von Gegenständen. Die Abkehr Carràs 1915 zur → Pittura metafisica und der Tod Boccionis 1916 beendeten die futuristische Bewegung, die eine heute nicht mehr nachvollziehbare Begeisterung für den Krieg und eine Sympathie für faschistische Tendenzen zeigte.

Gegenwartskunst

→ Zeitgenössische Kunst

Gouache

Die Gouache (frz. = Wasserfarbenmalerei) ist eine Malerei mit deckenden Wasserfarben und wird daher zu den → Deckfarben gezählt. Den wasserlöslichen Farben ist ein harzhaltiges Bindemittel beigemischt (→ Gummiarabikum). Im Gegensatz zum nicht deckenden und daher durchscheinenden → Aquarell wird in der Gouachemalerei zum Aufhellen Deckweiß verwendet, während das Aquarell durch Aussparen der jeweiligen Stelle des Blattes das Weiß erreicht. Nach dem Trocknen wird die Gouache heller und bekommt ein kalkartiges Aussehen, das etwas an das → Pastell erinnert. Durch ihre Eigenschaften ist die Gouache mit der → Tempera verwandt, wobei manchmal sogar auf eine Unterscheidung verzichtet wird. Die Tradition der Gouache reicht bis in die altägyptische Kunst zurück. Sie war vor allem in der mittelalterlichen Miniaturmalerei beliebt, wurde im 17. und 18. Jh. erneut aufgegriffen und fand bis ins 20. Jh. hinein Anwendung, wo allerdings ihre Bedeutung rasch nachließ.

Graffiti

„Graffiti" (ital. *graffiare* = kratzen, einkratzen) ist der Oberbegriff für (zumeist mit Hilfe von Spraydosen gesprühte) Inschriften, Zeichen oder Bilder auf Mauern, Wänden oder anderen – meist öffentlichen – Flächen. Die eigentliche Graffiti-Bewegung begann Ende der sechziger Jahre, als Jugendliche in den New Yorker Gettos mit gesprühten Parolen und Bildern auf sich und ihre soziale Situation aufmerksam machten. In Europa entstanden etwa zeitgleich die sog. Polit-Graffiti, die insbesondere während der Studentenunruhen, später aber auch bei Demonstrationen, Friedenskundgebungen und Umweltprotesten an Hauswände oder auch auf Straßen gesprüht wurden. In Deutschland wurde die Berliner Mauer zu einem beliebten Malgrund für Graffiti-Sprayer. Schon in den vierziger und fünfziger Jahren übten zufällig und spontan entstandene grafische Konfigurationen auf Künstler wie Jean Dubuffet und Cy Twombly einen großen Reiz aus, so dass sie mit eigenen Bilderfindungen darauf reagierten. Seit Ende der siebziger Jahre gingen zahlreiche Künstler, darunter Keith Haring, dazu über, Graffiti auf Leinwand zu übertragen und über Galerien vertreiben zu lassen. Doch mit zunehmender Kommerzialisierung verlor das Graffiti seine kreative und politische Sprengkraft. In den frühen achziger Jahren wurde Harald Nägeli mit seinen Sprühbildern berühmt: Dürre Strichmännchen tauchten auf Naturwänden und Betonfassaden auf.

Grafik

Sammelbegriff für alle Formen zeichnerischen Gestaltens, dazu gehören sowohl (→ Hand-) → Zeichnung als auch → Druckgrafik. Neben → Malerei und → Bildhauerei gehört die Grafik zu den drei großen → Kunstgattungen. Von der künstlerischen Grafik ist die kommerzielle, anwendungsorientierte Form der Grafik zu unterscheiden, z.B. die Gestaltung von Printmedien oder Werbung.

Gummiarabikum

Gummiarabikum ist eine gelbe oder farblose Flüssigkeit, die aus dem Rindensaft indischer und afrikanischer Akaziengewächse gewonnen wird. Gummiarabikum ist wasserlöslich und eignet sich als → Bindemittel für Aquarellfarben (→ Aquarell) und Öltempera. Bedingt wird es auch zur → Lasur verwendet.

Handzeichnung

Der Begriff „Handzeichnung" steht für die (künstlerische) → Zeichnung und zieht eine klare Unterscheidung zur technischen (Konstruktions-)Zeichnung. So gesehen kann der Begriff „Handzeichnung" in der bildenden Kunst gleichbedeutend mit „Zeichnung" gebraucht werden. Grundsätzlich lässt sich die zweckbestimmte Vorzeichnung oder → Skizze zur Vorbereitung eines Bildes oder einer dreidimensionalen Arbeit von der eigenständigen, autonomen Zeichnung als selbständiges Kunstwerk unterscheiden. Darüber hinaus unterteilt man die Handzeichnung bzw. Zeichnung nach den Kriterien der Technik und des Materials, in → Bleistift-, → Feder-, → Kohle-, → Kreide-, → Pinsel-, Ritz-, Rötel-, Silberstift- oder Tuschzeichnung.

Happening

Das Happening (engl. = Ereignis) ist neben dem → Fluxus die wichtigste Form der → Aktionskunst. Es besteht aus einer Verbindung und Vermischung verschiedenster künstlerischer Disziplinen, beteiligt die Zuschauer am Geschehen und besitzt improvisierte Teile, d. h. es ist in seinem Ablauf nicht genau vorherbestimmt. Als wichtige Vorformen sind die Aktionen des → Dadaismus, → Futurismus und → Surrealismus zu betrachten, die bereits ansatzweise ein Hauptziel des Happening verwirklichten: die Verbindung von Kunst und Leben und damit die Erweiterung des traditionellen Kunstbegriffs. Doch auch das gestische, aktionsartige Verfahren des → Action Painting in New York (Jackson Pollock) und des → Tachismus in Paris (Georges Mathieu) wirkte sich gerade in der Anfangsphase inspirierend aus. Maßgebenden Anteil an der Entwicklung des Happening hatten John Cage und Allan Kaprow. Der Begriff „Happening" stammt von Kaprow, der ihn erstmals 1958 für eine Aktion in der Reuben-Gallery in New York benutzte („18 Happenings in 6 Teilen"), wobei die Zuschauer durch Hin- und Hertragen von Materialien etc. in das Geschehen einbezogen wurden. Nach einer programmatischen Erklärung von Kaprow sollte durch das Happening die Grenze zum alltäglichen Leben unbestimmbar werden. Die Happenings selbst sollten nicht geprobt und nur einmalig von nicht-professionellen Künstlern aufgeführt werden. Durch den partiellen Einbezug der Zuschauer wurde außerdem die traditionelle Trennung von Künstler und Publikum außer Kraft gesetzt. Zu Beginn der sechziger Jahre breitete sich das Happening rasant in fast allen großen westeuropäischen Hauptstädten aus. Um das Jahr 1962 gab es Verschmelzungstendenzen mit dem Fluxus, so dass in der Folge beide Strömungen kaum mehr getrennt werden können, zumal die Akteure in stets wechselnden Gruppierungen sowohl im Fluxus- als auch im Happeningbereich gearbeitet haben. In den späten sechziger Jahren gingen Happening und Fluxus in der → Performance auf. Zu den Aktionisten des Happening zählen Joseph Beuys, George Brecht, Bazon Brock, John Cage, Henning Christiansen, Jim Dine, Robert Filliou, Claes Oldenburg, Nam June Paik, Robert Rauschenberg, Robert Watts, Emmet Williams u.a.

Hard Edge

1958 prägte der Kunstkritiker Jules Langsner den Begriff „Hard Edge Painting“ (engl. *hard edge* = harte Kante), eine Stilbezeichnung für großformatige, gegenstandslose Malerei in den USA gegen Ende der fünfziger Jahre. Das Hard Edge verbindet zwar mit dem → Colourfield Painting die großen Farbfelder, doch verzichtet es auf dessen reiche Farbvaleurs und fließenden Übergänge. Das Hard Edge kennzeichnen scharfkantig aufeinanderstoßende Farbfelder von hoher Präzision und Klarheit, die glattflächig und ohne farbliche Nuancierung geometrische Kühle und rationale Distanz ausstrahlen. Damit zeigt sich das Hard Edge nicht nur als eigenständige Entwicklung gegenüber dem Colourfield Painting, sondern zugleich als Bindeglied zum rationalen Kalkül der → Minimal Art der sechziger Jahre. Einfluss auf das Hard Edge übten die Bilder („Hommage to the Square“) und Schriften von Josef Albers aus. Aber auch die frühen Arbeiten von Barnett Newman, Ad Reinhardt und Mark Rothko um das Jahr 1950 mit ihren ausgedehnten Farbfeldern spielen eine wichtige Rolle. Zu den bekanntesten Vertretern des Hard Edge zählen Al Held, Ellsworth Kelly, Morris Louis, Kenneth Noland und Frank Stella.

Heftige Malerei

→ Neue Wilde

Hochdruck

Zum Hochdruck zählen jene Techniken der → Druckgrafik, bei denen die druckenden Partien einer Druckform aus dem Material herausgearbeitet sind. Im Gegensatz zum → Tiefdruck werden nur die hochliegenden Teile (Stege, Flächen o. ä.) mit Druckfarbe eingefärbt und auf Papier gedruckt, während die durch Einschneiden oder Ausheben tiefer liegenden Teile farbfrei bleiben. Für die Druckform wird zumeist Holz verwendet; gängig sind aber auch Stein, Metall, Linoleum oder Tonerde. Zu den bekanntesten Hochdruckverfahren gehören → Holzschnitt, → Holzstich, Japanischer Farbholzschnitt, → Linolschnitt, Metallschnitt, Schrotschnitt, Steinstich, Weißlinienschnitt und Zinkätzung.

Holografie

Die Holografie (griech. *holos* = ganz; *graphein* = schreiben) ist ein 1947 von Dennis Gabor erfundenes fotografisches Verfahren, das eine dreidimensionale Vorstellung von einem körperlichen Objekt vermittelt. Die Aufnahme eines Hologramms erfolgt bei monochromatischem, phasengleich schwingendem Laserlicht – ohne Objektiv und Kamera – auf eine fotografische Platte, die nach ihrer Entwicklung ein vom Auge nicht auflösbares Bild unregelmäßiger Streifen und Muster zeigt. Bringt man auf eine so entwickelte Platte erneut Laserlicht, so entsteht durch die Interferenz des Laserlichts und des vom Motiv reflektierten Lichts der Eindruck eines räumlichen Bildes, je nach aufgenommenem Objekt auch eines Bewegungsablaufs. Jede Standpunktverschiebung des Betrachters ergibt dabei eine neue Perspektive des abgebildeten Objekts.

Holzschnitt

Beim Holzschnitt, einem Verfahren des → Hochdrucks, wird das Bild seitenverkehrt auf ein parallel zu den Fasern geschnittenes Stück Holz (Langholz) gebracht, für das vorzugsweise Buchen-, Eichen- und Obstbaumhölzer (vor allem Birne und Kirsche) verwendet werden. Der Entwurf für den Holzschnitt kann entweder direkt oder im Durchpausverfahren auf die Druckform gezeichnet werden. Linien werden vorsichtig mit feinen Messern umschnitten, nicht druckende, größere Flächen mit speziellen Werkzeugen (z.B. Hohleisen oder Meißel) ausgehoben. Das Einfärben des Druckstocks geschieht mit Hilfe eines Druckerballens oder einer Gummiwalze. Der Druck kann nach alter Manier durch Reiben des aufgelegten Papiers mit dem Handballen bzw. einem Falzbein (Reiberdruck) erfolgen oder durch Streichen mit einer harten Bürste (Bürstenabzug). Gängiger ist jedoch die Herstellung von Abdrucken auf sog. Spindel- oder Tubentiegelpressen. Im Gegensatz zum → Tiefdruck ist der Kraftaufwand für die Erstellung eines Abdrucks gering, deshalb hinterlässt der Holzschnitt im Papier auch keinen Quetsch- oder Plattenrand. Ein weiteres Erkennungsmerkmal des Holzschnitts ist die reliefartige Struktur auf der Rückseite des Abdrucks (im Unterschied zum → Flachdruck). Die Auflagenhöhe beim Holzschnitt kann bis zu mehreren hundert Abdrucken reichen. Qualitätsminderungen können sich bei späteren Abzügen jedoch durch weiße Fehlstellen (bedingt durch Ausbrechen von Graten, Verquetschungen) oder weiße Linien (bedingt durch Sprünge im Holz) zeigen. Obwohl in China und Japan schon im 8. Jh. belegt, ist der Holzschnitt als Drucktechnik in Europa erst Ende des 14. Jh.s nachweisbar. Zu den bedeutendsten Holzschneidern des 20. Jh.s gehören Hans Arp, Georg Baselitz, Max Beckmann.

Holzstich

Der Holzstich, auch „Xylografie“ (griech. *xylon* = Holz; *graphein* = schreiben) genannt, ist eine Sonderform des → Holzschnitts. Als Druckform verwendet man besonders hartes Holz, meist Buchsbaum, das quer zur Faser geschnitten ist (sog. Stirn- oder Hirnholz). An die Stelle des im Holzschnitt üblichen Messers tritt beim Holzstich der Grabstichel, ein an der Spitze unterschiedlich geschnittenes, meißelartiges Werkzeug, das Schraffuren und insgesamt engere Schnitte – weiß auf schwarzem Grund – erlaubt. Feinste Nuancen des Lichts und der Tonabstufungen (vom Schwarz über das zarteste Grau bis zum Weiß) sind durch punktweises Bearbeiten einer Fläche möglich (Tonstich). Die Härte des Holzes ermöglicht zudem die Darstellung sich kreuzender weißer Linien, ein besonderes Kennzeichen des Holzstichs. Die Auflagenhöhe des Holzstichs ist aufgrund der Dichte und Widerstandsfähigkeit der Druckform nahezu unbegrenzt. Im 20. Jh. sahen Künstler wie Ernst Barlach, Ernst Ludwig Kirchner, Erich Heckel, Emil Nolde oder Karl Schmitt-Rottluff im Holzstich ein adäquates Ausdrucksmittel. Zu Beginn des 20.Jh. erlebte der Holzschnitt im → Expressionismus eine neue Blüte, u. a. durch Erich Heckel und Ernst Ludwig Kirchner.

Hyperrealismus

→ Fotorealismus

Impressionismus

Die Stilbezeichnung „Impressionismus" (frz. *l'impression* = Eindruck) prägte der französische Journalist Louis Leroy als abschätzig gemeinte Charakterisierung für ein Bild Claude Monets mit dem Titel „Impression, soleil levant" (1872), das 1874 auf der 1. Impressionisten-Ausstellung ausgestellt war. Der Impressionismus entwickelte sich in den späten sechziger Jahren des 19. Jh.s in Frankreich mit Schwerpunkt in Paris und beruht auf der Darstellung flüchtiger Eindrücke von Farbe, Licht und Bewegung, die an der Oberfläche des Gegenstandes in Erscheinung treten. In spontaner Freilichtmalerei entstanden die rasch gemalten Bilder direkt vor dem Motiv in der Natur. Im Gegensatz zum vorhergehenden → Realismus und der sterilen Akademiemalerei ihrer Zeit interessierte die Impressionisten die Erfassung von an sich ungreifbaren Kategorien wie Bewegung, Vibration oder Licht, die sich in der spiegelnden Oberfläche von Gewässern oder in windbewegten Getreidefeldern „materialisieren". Wesentlichen Eindruck hinterließ die atmosphärische Malerei John Constables und William Turners, die Claude Monet und Camille Pissarro im Londoner Exil 1870/71 kennen lernten. Ein Kennzeichen impressionistischer Malerei ist die Verwendung von reinen Farben, zum Teil direkt aus der Tube auf die Leinwand gebracht, was zur charakteristischen Aufhellung und Leuchtkraft der Palette beiträgt und nicht zuletzt das Maltempo erhöht. Beeindruckt von japanischen Farbholzschnitten wurden die Bildmotive manchmal vom Bildrand stark angeschnitten. Um feine Bewegungen und Vibrationen darstellen zu können, setzten die Impressionisten ihre Bildmotive aus den typischen, kleinen Farbtupfern zusammen, welche die Gegenstände bis zu einem gewissen Grad auflösen. Das Bemühen um das Einfangen des flüchtigen, ungreifbaren Augenblicks wird besonders anschaulich in den Werkzyklen Monets, der ein einziges Motiv zu ganz unterschiedlichen Tageszeiten malte. Neben Monet sind Edgar Degas, Camille Pissarro, Auguste Renoir und Alfred Sisley zu erwähnen. In der Bildhauerei zeigt sich das Oberflächenspiel des Lichtes in den Plastiken von Auguste Rodin und Medardo Rosso. 1886 machte sich auf der letzten der insgesamt acht Impressionisten-Ausstellungen in Arbeiten von Georges Seurat und Paul Signac der aufkommende Einfluss des → Neoimpressionismus (auch „Pointillismus") bemerkbar, der in kurzer Zeit den Impressionismus ablöste.

Individuelle Mythologien

Der Begriff „Individuelle Mythologien" wurde von Harald Szeemann im Zusammenhang mit der „documenta 5" (1972) geprägt und umfasst eine Strömung der siebziger Jahre, die sich durch eine Rückbesinnung auf mythologische Hintergründe kennzeichnet, wobei diese sehr persönlich begründet und überaus subjektiv gezeichnet sind. Die Individuellen Mythologien stehen für eine gewisse Wende zu Beginn der siebziger Jahre, die mit dem Rückzug in private Bereiche umschrieben werden kann und bezeichnenderweise ähnliche Phänomene auf gesellschaftlicher Ebene widerspiegelt. Dieser Schritt lässt sich auch als Abwendung von der Rationalität und objektiven Allgemeingültigkeit der → Minimal- und → Concept Art erklären. Eine Tendenz zum Sammeln und zu systematischer Dokumentation schafft enge Bezüge zur zeitgleichen → Spurensicherung, die diese Merkmale noch intensiver pflegt, bis hin zu quasi museologischer Präsentation. Typisch für die Individuellen Mythologien sind große, manchmal sich auf einen ganzen Raum ausbreitende → Environments und → Installationen, die oft den Charakter einer Kultstätte annehmen. Zu den wichtigsten Vertretern der Individuellen Mythologien zählen: Jürgen Brodwolf, Michael Buthe, James Lee Byars, Panamarenko, Paul Thek.

Informel

Als eine Strömung der (späten) → École de Paris lehnt das Informel (frz. = formlos) jeglichen geordneten Bildaufbau, jede „Form", strikt ab. Stattdessen tritt der Malprozess in den Vordergrund, verbunden mit dem spontanen Ausdruck psychischer Spannung und emotionaler Befindlichkeit. Als künstlerisches Verfahren fand die → Écriture automatique der Surrealisten in radikalisierter Form Verwendung. Der Begriff wurde 1951 von dem französischen Kritiker Michel Tapié geprägt. Das Informel steht in direkter Nachbarschaft zum zeitgleichen → Tachismus, von dem es kaum zu unterscheiden ist. Außerdem tragen Überschneidungen mit dem → Abstrakten Expressionismus, dem → Action Painting und der → Art brut zu allgemeiner begrifflicher Unschärfe bei. Die Entstehung des Informel kann bis in das Jahr 1945 zurückverfolgt werden. Maler wie Jean Dubuffet, Jean Fautrier, Hans Hartung und Wols zählen zu den maßgeblichen Wegbereitern. Während zunächst das Informel in Paris zu seiner Entfaltung gelangte – im übrigen völlig unabhängig vom Abstrakten Expressionismus und Action Painting in den USA –, breitete sich der Impuls in den späten vierziger Jahren auf ganz Europa aus. Bis in die sechziger Jahre hinein bestimmte er die (internationale) Kunstszene. Doch mit zunehmender Dauer stellte sich hinter der spontanen Geste und dem subjektiven Ausdruck eine gewisse Leere und Aushöhlung ein, so dass sich Ende der fünfziger Jahre unterschiedliche Strömungen gegen die Dominanz des Informel zur Wehr setzten. Unmittelbar nach dem Zweiten Weltkrieg bedeutete jedoch das Informel die Möglichkeit, die wiedergewonnene Freiheit einerseits und die schockierenden Ereignisse des Krieges andererseits in eine radikale künstlerische Sprache umzusetzen. Neben den Wegbereitern Dubuffet, Fautrier, Hartung und Wols sind Antoni Tapiès in Spanien und Karl Fred Dahmen, K. O. Götz, Gerhard Hoehme, Bernard Schulze, Emil Schumacher und K.R.H. Sonderborg in Deutschland als wichtige Vertreter des Informel zu nennen.

Installation

Im Gegensatz zur traditionellen → Skulptur greift die Installation (manchmal auch „Rauminstallation" genannt) gestaltend und verändernd in den unmittelbar umgebenden Raum ein. Mit den unterschiedlichsten technischen Mitteln, typischerweise mit interdisziplinärer Tendenz (→ Multi Media), dehnt sie sich weit in den Raum hinein aus und stellt durch verschiedene Teile ein komplexes Raumgefüge her. Kennzeichnend ist die spezifische Anpassung an den Raum, so dass die Werke nur an einem einzigen Ort Gültigkeit besitzen. Ohne ihre jeweilige architektonische Umgebung ist die Installation nicht denkbar. Umgekehrt erfährt die Architektur eine oft radikale Neubewertung, werden bisher nur latent vorhandene Eigenschaften sichtbar gemacht. Eine begriffliche Abgrenzung zum → Environment, manchmal auch zu raumbezogener → Objektkunst, zeigt sich häufig als ein schwieriges Unterfangen. Ausgehend von interdisziplinären Aktivitäten des → Dadaismus, lassen sich die ersten Anfänge der Installation im „Merzbau" (1920-36) Kurt Schwitters' und dem „Prounen-Raum" (1923) El Lissitzkys finden. Doch erst die → Aktions- und → Objektkunst der späten fünfziger und frühen sechziger Jahre schufen die entscheidenden Voraussetzungen für die Entwicklung der Installation. Die Tektonik minimalistischer Elementarformen korrespondiert in besonderem Maße mit der Architektur, wie z.B. an bestimmten Arbeiten von Carl André, Donald Judd oder Robert Morris deutlich wird (→ Minimal Art). Schon früh nutzte Joseph Beuys die komplexen Möglichkeiten der Installation. Künstler der → Arte povera wie Jannis Kounellis oder Mario Merz steuerten wichtige Impulse bei. Der Einfluss der Installation nahm seit den siebziger Jahren kontinuierlich an Bedeutung zu. Vor allem die Auflösung und Verschmelzung traditioneller Disziplinen zeigt sich als wichtiges Charakteristikum, das sich durch die Herausbildung neuer Varianten wie → Klang- oder Videoinstallation bestätigt findet. Zu den bekanntesten Vertretern installativer Werke zählen Giovanni Anselmo, Christian Boltanski, Daniel Buren, Jenny Holzer, Anish Kapoor, Wolfgang Laib, Walter de Maria, Bruce Nauman, Richard Serra und Bill Woodrow.

Internet

→ Netzkunst

Jugendstil

Bezeichnung für eine Stilrichtung in Kunst und Kunstgewerbe zwischen 1890 und 1914, die in Frankreich unter dem Begriff „Art Nouveau", in England unter „Modern Style", in Österreich unter „Sezessionsstil" und in Spanien unter „Modernismo" bekannt ist. Die deutsche Bezeichnung „Jugendstil" leitet sich von der deutschen Kunstzeitschrift „Jugend" ab, die von 1896–1920 in München erschien. Als Reaktion auf den verbrauchten Historismus des späten 19. Jh.s verstand sich der Jugendstil zunächst als Erneuerungsbewegung des Kunstgewerbes. Doch schon bald breitete sich der Impuls des Jugendstil auf alle Bereiche der bildenden Kunst, auf Architektur, Plakat- und Buchkunst, auf Theater, Literatur und Musik aus. Einflüsse des → Neoimpressionismus, des Japanischen → Farbholzschnitts und des → Symbolismus wurden aufgenommen und in pflanzenartig rankende Formelemente, in pastellartige Farbtöne und bisweilen verspielte Ornamentik umgewandelt. Die Liebe zum schmückenden Dekor und zur flächigen Arabeske – aus pflanzlichen Vorbildern entwickelt, oft als gegenstandsloses Ornament – charakterisiert alle Formen der Jugendstilkunst. Neben Paris, Brüssel und Barcelona entstanden die großen Zentren des Jugendstil in Darmstadt, München und Wien. Auf der Mathildenhöhe in Darmstadt, von wo aus wesentliche Impulse ausgingen, arbeiteten Peter Behrens und Josef Maria Olbrich, in München August Endell, Hermann Obrist und Richard Riemerschmid. Der Wiener Jugendstil ist in seiner strengen, geometrischen Funktionalität von der englischen Variante des Jugendstil geprägt. Das ästhetische Prinzip der 1903 von Josef Hofmann und Koloman Moser gegründeten „Wiener Werkstätten" beruht auf horizontalen und vertikalen Gestaltungsmustern. Eine fundamentale Rolle spielte überdies die 1897 von Gustav Klimt gegründete „Wiener Sezession". Als wichtige Maler des Jugendstil gelten ferner Pierre Bonnard und Maurice Denis, Ferdinand Hodler sowie Jan Toorop und Jan Thorn-Prikker. Neben dem → Impressionismus, Neoimpressionismus und Symbolismus gilt der Jugendstil als grundlegende Strömung, die an der Entwicklung der → Moderne wesentlichen Anteil hat. Er beeinflusste den → Expressionismus und fand im Art Déco seine Fortsetzung, während die Idee der Synthese aller Künste am → Bauhaus fortlebte.

Kaltnadelradierung

Bei der Kaltnadelradierung, einem manuellen Verfahren des → Tiefdrucks, wird die Zeichnung mit einer Stahlnadel (Radiernadel) direkt in die Metallplatte (in der Regel Kupfer, neuerdings auch Bronze, Plastik oder Plexiglas) eingeritzt. Da eine spätere Ätzung (und damit der chemische Erwärmungsprozess) entfällt, spricht man bei diesem Verfahren von einer „kalten“ Technik, bei der „trocken“ gearbeitet wird. Die Nadel verdrängt dabei das Metall und bildet, je nach Handhabung, einfache oder doppelte „Grate“, die sich neben der eigentlichen Linie erheben. Im Gegensatz zum → Kupferstich, bei dem das aufgeworfene Metall mit einem Schablonenmesser entfernt wird, bleibt das überschüssige Metall bei der Kaltnadeltechnik stehen. Färbt man die Platte ein, so nehmen diese Grate zusätzlich zu den Linien Farbe auf und erscheinen im Druck weich und samtig. Die Empfindlichkeit der Grate lässt nur sehr kleine Auflagen zu, meist 20 Blätter. Die frühesten Belege der Kaltnadeltechnik finden sich um 1480. Zu den bekanntesten Anwendern gehören im 20. Jh. Max Beckmann und Pablo Picasso.

Kinetische Kunst

Die Kinetische Kunst (griech. *kinétikós* = die Bewegung betreffend) basiert auf dem Prinzip der Bewegung, d.h. das kinetische Kunstwerk (oder Teile desselben) werden durch Wind- oder Motorkraft in Bewegung versetzt. Damit ist der Schritt von der Abbildung von Bewegung zur realen Bewegung vollzogen. Die Kinetische Kunst erreichte in den fünfziger und sechziger Jahren ihren Höhepunkt und besitzt im → Futurismus und → Dadaismus erste Vorläufer, wobei die Experimente Marcel Duchamps mit rotierenden Scheiben besondere Erwähnung verdienen. Der → Konstruktivismus der zwanziger Jahre wirkte sich als entscheidender Impuls für die Kinetische Kunst aus: Naum Gabo und Lászlo Moholy-Nagy zählen zu den frühen Vertretern. Alexander Calder verhalf der Idee der Kinetischen Kunst in seinen bekannt gewordenen → Mobiles zu weiter Verbreitung. Der Kinetischen Kunst der frühen Jahre ist die Begeisterung am technischen Fortschritt und den Möglichkeiten der Maschine zu eigen, was sich in dem Bemühen um eine schöpferische Verbindung von Kunst und Technik ausdrückt. Kinetische Arbeiten der Künstlergruppe „Zero" und der „Groupe de Recherche d'Art Visuel" sind durch ihren vermehrten Einbezug von Licht unter der Bezeichnung „Lichtkinetik" bekannt, eine Variante Kinetischer Kunst. Eine kritische Position nehmen die dadaistischen Maschinen Jean Tinguelys ein, die in ihrem „sinnlosen" Betrieb die Irrationalität des technischen Mechanismus bloßstellen. Die ruhig schwebenden, durch den Wind leise bewegten, konstruktiven Skulpturen George Rickeys äußern kontemplative Momente und zeigen in ihrer silbrigen Gestalt entmaterialisierende Tendenzen.

Klanginstallation

Die Klanginstallation ist eine Variante der → Installation, wobei Klänge, Musik oder Geräusche unterschiedlichster Art im Kontext eines bestimmten Innen- oder Außenraumes auftreten. In der Regel werden die Klänge auf einen Tonträger (CD, Cassette, Tonband) aufgenommen und durch ein Abspielgerät über externe Lautsprecher ausgestrahlt, die an sorgfältig ausgewählten Punkten der Architektur angebracht sind. Auf diese Weise treten Musik und Architektur in ein interdisziplinär ausgerichtetes Beziehungsgefüge, dessen Komplexität manchmal durch Elemente der bildenden

Kunst erhöht wird. Ähnlich wie in der → Video- oder → Aktionskunst wird die Dimension der Zeit in die bildende Kunst eingeführt, allerdings typischerweise ohne Vorführungscharakter und einem klar definierten Anfang oder Ende.

Klassische Moderne

→ Moderne

Klebebild

→ Collage

Kohlezeichnung

Zeichenkohle wird aus dem gebrannten Holz von Weide, Linde oder Buchsbaum gewonnen. Sie wird in Form unterschiedlich breiter Holzstäbchen und in verschiedenen Härtestufen hergestellt. Die Zeichenkohle erlaubt einen leicht erzeugbaren, kräftigen Strich, der ebenso leicht wieder gelöscht werden kann. Außerdem lässt sich eine breite Skala der Tonwerte hervorrufen, vom hellsten Grau bis zum tiefsten Schwarz. Da die Kohlezeichnung jedoch leicht verwischt, muss sie mit einem → Fixativ besprüht und auf diese Weise haltbar gemacht werden. Eine Variante ist die sog. Fettkohle, die mit Leinöl behandelt wird und seit dem 16. Jh. Verwendung findet. Sie bröckelt nicht so schnell und ergibt einen vergleichsweise satten Strich. Die Kohlezeichnung zählt zu den frühesten Techniken der Kunst: Bereits aus prähistorischer Zeit stammen die ersten Kohlezeichnungen an den Felswänden im Inneren der Höhlen Südfrankreichs und Nordspaniens. Doch Kohlezeichnungen im eigentlichen Sinn haben sich erst nach der Entwicklung von Fixativen seit dem

Ende des 15. Jh.s erhalten. Aufgrund ihrer leichten Korrigierbarkeit wird die Kohlezeichnung bevorzugt für Entwürfe, Vorzeichnungen und spontane → Skizzen gebraucht. Doch auch in der Gegenwartskunst finden sich gelegentlich Kohlezeichnungen als autonome künstlerische Werke.

Komplementärfarben

→ Komplementärkontrast

Komplementärkontrast

Der Komplementärkontrast entsteht aus zwei sich im Farbenkreis gegenüberliegenden Farben, den sog. Komplementärfarben: Rot/Grün, Blau/Orange und Gelb/Violett. Wird ein solches Farbenpaar in einem Bild oder einer Grafik unmittelbar nebeneinander platziert, so steigern sich die beiden Farben gegenseitig; sie wirken einerseits intensiver, balancieren sich andererseits wechselseitig aus, so dass ein harmonischer Eindruck entsteht. In der → Moderne spielt der Komplementärkontrast eine wichtige Rolle. Kunstströmungen, die sich in besonderem Maße auf die Wirkung der Farbe gründen (z.B. → Impressionismus, → Neoimpressionismus, → Expressionismus), suchen durch gezielten Einsatz des Komplementärkontrasts die den Farben innewohnende Dynamik zu steigern.

Konkrete Kunst

1924 wurde der Begriff „Konkrete Kunst" erstmals von Theo van Doesburg gebraucht, um gegenstandslose Kunstwerke zu bezeichnen, deren Elemente autonomen Charakter zeigen, also nicht auf einen gegenständlichen Ausgangspunkt zurückzuführen sind. Im Manifest der 1930 gegründeten Künstlergruppe „Art Concret" trug van Doesburg den Begriff erneut vor, der nun eine breite Diskussion auslöste. Doch die Konkrete Kunst umfasst nicht jede gegenstandslose Kunst, sondern ausschließlich geometrisch-konstruktive Tendenzen, wie sie bereits das → Bauhaus, die → Stijl-Bewegung oder der → Konstruktivismus formuliert hatten. Der künstlerische Schaffensprozess sollte als rein rationaler Vorgang aus der Vorstellung des Künstlers heraus entstehen. Typisch ist dabei eine analytische Haltung, welche die physikalischen Gesetze der Farbe, deren Gewicht und Dichte untersucht. Geometrisch klar begrenzte Farbfelder und gleichmäßiger Farbauftrag ohne individuelle Handschrift sind charakteristische Kennzeichen. Die autonomen Farb- und Formelemente bedeuten in ihrer mathematischen Präzision nur sich selbst und besitzen keinerlei symbolische Aussage. Die Idee der Konkreten Kunst bildete die Grundlage der Künstlergruppierung „Abstraction-Création", die zwischen 1931 und 1936 in Paris bestand. 1944 organisierte Max Bill, der Wortführer der Konkreten Kunst, in Basel die internationale Ausstellung „Konkrete Kunst". Nach 1945 waren vor allem die Züricher Konkreten (Max Bill, Camille Graeser, Richard Paul Lohse u.a.) tonangebend. Eine zusammenfassende Ausstellung fand unter der Federführung Max Bills 1960 in Zürich statt („Konkrete Kunst – 50 Jahre Entwicklung"). Die Inhalte der Konkreten Kunst trafen in den fünfziger Jahren auf ein weites internationales Echo. In den USA zeigte sich ihr Einfluss in Arbeiten von Barnett Newman und Ad Reinhardt, in Deutschland in seriellen Bildern von Josef Albers. Ferner ist eine gewisse Wirkung auf später folgende Stilrichtungen wie → Hard Edge und → Op Art anzumerken.

Konstruktivismus

Der Konstruktivismus entstand um 1913 in Russland und gilt als eine der großen Kunstströmungen zu Beginn des 20. Jh.s. Als streng gegenstandslose Stilrichtung besaß er insbesondere für die weitere Entwicklung und Etablierung der noch jungen → abstrakten Kunst fundamentale Bedeutung. Basierend auf einem rein geometrischen Formenvokabular, reflektiert er die autonome Wirkung von Farbe und Form, verfügt aber auch über praxisorientierte Tendenzen, welche die neuen, ästhetischen Richtlinien für gesellschaftliche Aufgaben nutzbar zu machen suchten. Die Quellen des Konstruktivismus sind im französischen → Kubismus und im italienischen → Futurismus zu finden. Von grundlegender Bedeutung sind die persönlichen Begegnungen Wladimir Tatlins mit Pablo Picasso 1913 in Paris. Tatlin befreite in seinen Kontra-Reliefs die kubistische Technik der → Collage von jeder gegenständlichen Bedeutung. Zeitgleich verfolgten El Lissitzky und Alexander Rodtschenko ähnliche Intentionen. Kasimir Malewitsch fand bereits 1913 zu der radikalsten Form konstruktivistischer Kunst: Das berühmt gewordene Bild „Schwarzes Quadrat auf weißem Grund" reduziert auf elementare Art die gesamte Bildgestalt auf eine einzige geometrische Primärform und erreicht in seiner ästhetischen Autonomie eine Hauptintention des Konstruktivismus (vgl. → Suprematismus). Tatlin und Rodtschenko suchten hingegen in der neuen Ästhetik gesellschaftliche Nutzanwendungen für die Bereiche (Ausstellungs-)Architektur, Bühnenbild, Design oder Typografie. Während sich der Konstruktivismus 1917 im Sog der Oktoberrevolution rasch entfaltete und ab etwa 1920 wesentlichen Einfluss auf die internationale Kunst (vor allem → Bauhaus und → Stijl) ausübte, vereitelten 1921 die

Richtlinien der „Neuen ökonomischen Politik" Lenins jede weitere Entwicklung. Gefordert wurde die Rückkehr zu einer realistischen Kunst, die wenige Jahre später in den staatlich verordneten → Sozialistischen Realismus mündete. Die Auswirkungen des Konstruktivismus erfassten bald unter Lászlo Moholy-Nagy das Bauhaus. Auch die → Konkrete Kunst (Max Bill, Richard Paul Lohse u.a.) verdankt dem Konstruktivismus wesentliche Impulse. Sein weitreichender Einfluss erstreckt sich außerdem auf → Op Art, → Hard Edge und → Minimal Art.

Konzeptkunst

→ Concept Art

Konzeptuelle Kunst

→ Concept Art

Kreidezeichnung

Kreide, genauer gesagt Naturkreide (Steinkreide), besteht aus feinerdiger Kalksteinmasse, die harte und weiche Linien gestattet sowie durch Verwischungen feine Übergänge und flächige Gestaltungen. Naturkreide besitzt unterschiedliche Tonwerte, je nach der Farbe der verwendeten Erde, z.B. Weiß, Grau, Schwarz, Ocker oder Umbra. Der Kreide nah verwandt sind die farbige Pastellkreide (→ Pastell) und der rotbraune Rötelstift. Kreidestifte erlauben eine überaus differenzierte Handhabung, die sich beispielsweise in ihrer plastischen Wirkung oder in variantenreichen Schattierungen zeigt. Von der Naturkreide unterscheidet man die Kunstkreide, die aus Lampenruß gewonnen wird und im 19. Jh. die Naturkreide verdrängte. Ferner findet man fetthaltige, wasserunlösliche Kreiden, wie z.B. die Ölkreide (Ölmalstift) oder die Wachskreide (Wachsmalstift). Weiße Natur- oder Kunstkreide dient darüber hinaus auch zur „Höhung" von → Zeichnungen, d.h. zum Aufsetzen von hellen Lichtern.

Kubismus

Der Kubismus (frz. *le cube* = Würfel) entstand 1907 in Paris und ergriff im wesentlichen die Malerei, hatte aber auch in der Skulptur und sogar in der Architektur entsprechende Auswirkungen. Der zunächst abschätzig gebrauchte Begriff bezieht sich auf Arbeiten von Georges Braque, Juan Gris, Fernand Léger, Pablo Picasso u.a., die – unter Verzicht auf illusionistische Werte – den Bildgegenstand in kleine, flächige Segmente zerlegten mit dem Ziel, diesen von mehreren Seiten darzustellen und den Bildelementen weitgehende Autonomie zu verleihen. Neben dem → Neoimpressionismus liegt eine zentrale Quelle des Kubismus in der Malerei Paul Cézannes. Darüber hinaus spielt gerade für die frühen kubistischen Arbeiten Picassos um 1907/08 die → Primitive Kunst eine wichtige Rolle. Um 1909 setzte der sog. analytische Kubismus ein, der sich durch eine weitergehende Aufsplitterung der Motive, eine fortschreitende Abstraktion und eine Beschränkung der Farbe auf Braun- oder Grautöne beschreiben lässt. Der analytische Kubismus separiert zumeist in einfachen Stillleben die Bauteile des Motivs, um sie im synthetischen Kubismus ab etwa 1912 als autonome Bildbestandteile zu einer neuen Bildgestalt zusammenzusetzen. Der synthetische Kubismus (bis etwa 1915) gründet sich auf die von Braque und Picasso neu geschaffenen Techniken der → Collage und der → Papiers collés. Die kubistische

Skulptur setzte unter Alexander Archipenko, Henri Laurens oder Jacques Lipchitz die Gestaltungsprinzipien der Malerei in die Plastik um. Der Kubismus war für den Verlauf der → Moderne von enormer Bedeutung. Zahlreiche Strömungen, wie z. B. der → Konstruktivismus, verdanken den Kubisten entscheidende Anregungen.

Kunst am Bau

Die Anfänge der Kunst am Bau reichen bis in die Weimarer Republik zurück, als der „Reichsverband Bildender Künstler“ 1927 die Forderung nach staatlichen Aufträgen stellte. Der Begriff „Kunst am Bau“ bezeichnet Kunstwerke, die anlässlich der Errichtung eines öffentlichen Gebäude entstehen und dabei oftmals auf eine räumliche Situation reagieren. Das Kunstwerk selbst ist stilistisch in keiner Weise festgelegt, es kann im Innen- oder Außenraum platziert sein und besteht häufig in skulpturalen Formulierungen, aber auch in Wandmalerei. Zur Finanzierung wird ein bestimmter Prozentsatz der Bausumme bereitgestellt, der zumeist bei etwa 2 % liegt. Die Kunst am Bau fand vor allem in den fünfziger und sechziger Jahren weite Verbreitung und besaß als Erwerbsquelle für zahlreiche Künstlerinnen und Künstler eine nicht unwesentliche Funktion. Allerdings trug die breite Streuung der Aufträge nicht immer zu einer hohen künstlerischen Qualität bei, so dass die Kunst am Bau in den siebziger Jahren Kritik erfuhr und an Bedeutung verlor. Seit den achtziger Jahren sind vielerorts Anstrengungen spürbar, die Qualität und Originalität der Kunst am Bau deutlich anzuheben. Die Künstlerinnen und Künstler werden frühzeitig in die Planungsarbeiten einbezogen, wodurch die Kunstwerke die Chance zu einem inspirierten Dialog mit der Architektur erhalten

Kunstgattungen

Innerhalb der bildenden Kunst unterscheidet man folgende (Kunst-)Gattungen: → Malerei, → Bildhauerei und → Grafik, wobei letztere in → Zeichnung und → Druckgrafik weiter unterteilt werden kann. Manchmal findet als Synonym auch der Begriff „Kunstart" Verwendung. Jede der Kunstgattungen lässt sich in weitere Bereiche untergliedern, wobei insbesondere die → Bildgattungen der Malerei zu erwähnen sind, die allerdings im 20. Jh. weitgehend ihre Bedeutung verloren haben. Bis in das frühe 20. Jh. hinein besaßen die erwähnten Kunstgattungen uneingeschränkte Gültigkeit. Doch mit dem → Kubismus und wenig später dem → Dadaismus wurden neue künstlerische Techniken entwickelt, welche die traditionellen Gattungen aufbrechen. Durch die Verschmelzung verschiedener Gattungen miteinander und der Entdeckung neuer Ausdrucksformen, Techniken und Materialien entstanden neue Kategorien. Frühe Beispiele sind die → Papiers collés und die → Collagen der Kubisten sowie aktionistische Vorführungen (→ Aktionskunst) der Dadaisten. Auch das → Ready-made Marcel Duchamps sprengt durch seinen Objektcharakter (→ Objektkunst) den klassischen Begriff der Bildhauerei. Zwar besitzen die traditionellen Kunstgattungen bis in die Gegenwart hinein ihre Berechtigung, doch im Lauf des 20. Jh.s entstand eine Vielzahl von Erweiterungen und Überlagerungen. Eine wesentliche Rolle spielen dabei die → abstrakte Kunst, Formen der Aktionskunst (→ Happening, → Fluxus, → Performance), die Neubewertung des Raumes (→ Environment, → Installation, → Land Art) sowie die Entwicklung der → Neuen Medien (→ Computer-, → Netz-, → Videokunst). Der Begriff → „Cross-over" deutet auf die Verschmelzung der Kunstgattungen in der Gegenwartskunst.

Kupferstich

Der Kupferstich, auch „Linienstich“ oder veraltet „Chalkografie“ genannt, ist ein manuelles Verfahren zur Herstellung von Tiefdruckplatten (→ Tiefdruck). Als Druckform verwendet man eine ca. 2 bis 4 mm starke Kupferplatte (seltener Zink-, Eisen- oder Silberplatten), deren Oberfläche zunächst geschliffen und poliert und dann mit einer dünnen Firnis- oder Wachsschicht überzogen wird. Auf die so präparierte Platte überträgt der Kupferstecher die Zeichnung seitenverkehrt und sticht sie dann mit einem Grabstichel, der vom Körper weg bewegt wird, Linie für Linie nach. Korrekturen können im Gegensatz zum → Holzschnitt durch Glätten mit einem Polierstahl ausgeführt werden. Das typische Merkmal des Kupferstichs ist seine an- und abschwellende Form (Taille). Die Linie beginnt spitz, verbreitert sich dann und endet, wie sie begonnen hat (oder wird nach spitzem Ansatz plötzlich abgebrochen). Das ausgehobene Kupfer ringelt sich vor der Spitze des Stichels zu einem feinen Span, der mit einem Schablonenmesser entfernt werden muss, genauso wie die seitlich aufgeworfenen Grate. Ist bei der → Radierung die Linie rauh (und in der Vergrößerung körnig), so erscheint sie beim Kupferstich eher hart und scharf begrenzt. Auch ist der Verlauf der Linien strenger und weniger spielerisch als bei der Radierung. Um die Kupferplatte für den Druck vorzubereiten, wird zunächst die Farbe mit Rollen, Tampons oder Leinenlappen auf die Platte gebracht. Da nur die Vertiefungen drucken sollen (Tiefdruck), werden die hochliegenden Partien glattgewischt und gereinigt. Damit die Vertiefungen der Kupferplatte Farbe an das Papier abgeben, muß dieses (anders als z.B. beim → Holzschnitt) unter großem Druck auf die Druckform gepresst werden. Das Papier wird dazu angefeuchtet und auf die Platte gebracht. Über einen beweglichen Pressentisch (Schlitten) wird dann die Platte mit dem Papier durch die beiden Zylinder einer Kupferdruckpresse gedrückt. Durch die wirkenden Kräfte saugt das Papier die Farbe aus den Vertiefungen der Platte heraus, gleichzeitig prägt sich der Plattenrand in das feuchte Papier und bewirkt, auch nach dem Trocknen, auf der Rückseite eine leichte Erhöhung, was als eines der Erkennungszeichen des Kupferstichs gilt. Durch den hohen Pressendruck, aber auch durch das ständige „Auswischen", ist die Abnutzung der Kupferplatte groß.

L

Land Art

In den späten sechziger Jahren entstand vorwiegend in den USA eine neue Kunstströmung, die in den weitläufigen Wüstengegenden des amerikanischen Westens Werke von oft enormen Dimensionen schuf. In der Abkehr vom lauten Kunstbetrieb und der Hinwendung zur rauhen Natur, ausgesetzt allen Wetter- und Temperatureinflüssen, lag eine wesentliche Gemeinsamkeit der Künstler. Die Suche nach Stille und Einsamkeit, die Bewunderung der Unendlichkeit der amerikanischen Landschaften des Westens sowie der Ambivalenz von Schönheit und Gewalt der Natur zeigen sich als weitere gemeinsame Charakteristika. Die natürliche Witterung und Erosion sorgen für einen langsamen, aber kontinuierlichen Zerfall der Werke der Land Art, die auch als → Earthworks bezeichnet werden. Sie sind Teil der Landschaft und daher denselben Veränderungsprozessen unterworfen. Gerade bei den stärker erodierenden Earthworks wird die Vergänglichkeit eindrucksvoll thematisiert. Überdimensionale Gräben, Spiralen oder Linien finden sich in den entlegenen, schwer zugänglichen Landschaften. Eine wichtige Rolle zur Dokumentation der Earthworks und deren

Entstehung spielte die → Videokunst. Die Land Art zeigt ähnliche gestalterische Ansätze wie die zeitgleiche → Minimal – und → Concept Art. Zu den bekanntesten Künstlern der Land Art zählen in den USA Michael Heizer, Walter de Maria, Dennis Oppenheim, Robert Smithson und James Turrell, in England Richard Long. Auch wenn sich in den späten siebziger Jahren die große Zeit der Land Art dem Ende zuneigte, bleibt ihr Einfluss bis in die Gegenwart spürbar.

Lasur

Ein dünner, durchscheinender Farbauftrag, der darunter liegende Farben durchdringen lässt. Lasurfarben sind im Gegensatz zu den → Deckfarben durchscheinende, nicht deckende Farben mit geringem Pigmentanteil (→ Pigment). Von lasierender Malerei spricht man, wenn viele, sehr dünne Farbschichten übereinandergelegt werden. Dadurch erhöhen sich Leuchtkraft, Tiefenwirkung und Glanz der Farben. Insbesondere die → Ölmalerei erlaubt eine lasierende Malweise mit zahlreichen Farbschichten.

Lavierung

Die Lavierung (frz. *laver* = waschen) ist eine ergänzende Behandlung einer → Zeichnung, indem entweder bereits aufgetragene Farbe mit einem nassen Pinsel malerisch verwaschen wird oder verfließende Farbpartien neu angelegt werden. Die Lavierung kann unterschiedliche Tonstufen umfassen und dient im wesentlichen der Vertiefung von Schatten und Farben. Prinzipiell können alle Zeichentechniken laviert werden, wobei besonders häufig die lavierte → Federzeichnung auftritt. Lavierungen, seit dem 15. Jh. gebräuchlich, können zu einer leichten farblichen Tönung beitragen.

Linolschnitt

Der Linolschnitt ist ein Hochdruckverfahren (→ Hochdruck), bei dem die Druckform aus Linoleum besteht, einem weichen und geschmeidigen Material, das leicht zu bearbeiten und billig in der Anschaffung ist. Die Zeichnung wird mit Bleistift oder Tusche auf die Linoleumplatte aufgetragen; überschüssige Teile werden mit Sticheln, Linolmessern oder Hohleisen herausgeschnitten. Für feine Linien und Details ist das Material ungeeignet, da es leicht zerbröckelt. Da Linoleum, im Unterschied etwa zum Holz, keine Maserung aufweist, sondern in sich homogen ist, eignet es sich insbesondere zur Wiedergabe großflächiger Partien. Der Druckvorgang entspricht dem des → Holzschnitts. Die Bearbeitung der Druckform kann einfarbig oder mehrfarbig geschehen. So können Teile der Zeichnung auf einer einzigen Platte unterschiedlich eingefärbt werden, oder es werden genauso viele Platten wie gewünschte Farben angefertigt und übereinandergedruckt. Neben Picasso arbeiteten im 20. Jh. insbesondere Henri Matisse, Christian Rohlfs und Maurice de Vlaminck mit dieser Technik.

Lithografie

Die Lithografie (griech. *lithos* = Stein; *graphein* = schreiben), auch „Steindruck“ genannt, ist das grundlegende und am meisten verbreitete Verfahren des → Flachdrucks. Auch wenn Lithografien in neuerer Zeit auf Aluminium- oder Zinkplatten hergestellt werden, gilt die Verwendung einer etwa 6-15 cm dicken Steinplatte aus Solnhofer oder Kelheimer Kalkschiefer als traditionell. Diese Steine zeichnen sich durch ihre besonders reine und feinporöse Struktur aus und nehmen Wasser und Fett gleichermaßen gut auf. Die

Oberfläche jedes lithografischen Steins wird zunächst sorgfältig mit Sand oder Bimsstein plan geschliffen und anschließend mit Alaun entsäuert. Nach dem Trocknen wird die Zeichnung mit der Feder (Federlithografie), mit dem Pinsel (Pinsellithografie) oder mit fetter Kreide (Kreidelithografie) spiegelverkehrt auf den Stein gebracht. Die fetthaltigen Substanzen der Zeichnung verbinden sich dabei mit dem kohlensauren Kalk der Platte und werden fettanziehend (und wasserabstoßend). Zur Verstärkung dieses gegensätzlichen Effekts wird die Oberfläche des Steins mit einer Lösung aus schwacher Salpetersäure, Wasser und → Gummiarabikum bestrichen. Diese haftet insbesondere auf den von der Zeichnung frei gelassenen Stellen und ist aufgrund ihrer guten Quellfähigkeit ein optimaler Feuchtigkeitsträger. Wird der Stein nun angefeuchtet und (fette) Druckfarbe mit einer Rolle aufgetragen, so nehmen die fetthaltigen Stellen die Farbe auf, während die gummierten, angefeuchteten Partien sie abstoßen. Für den Druck einer Lithografie presst man – je nach Charakter der Arbeit – geleimten Karton, rauhes Hadernpapier oder feines Japanpapier auf eine eingefärbte Platte. Die durch den hohen Druck bedingte Glättung des Papiers ist neben der fehlenden Bildprägung und dem fehlenden Plattenrand ein herausragendes Erkennungsmerkmal der Lithografie. Als Erfinder der Lithografie (um 1797/98) gilt der Münchener Aloys Senefelder. Im 19. Jh. erreichte die Lithografie durch Honoré Daumier, Adolph von Menzel und Edvard Munch eine erste künstlerische Blütezeit. Im 20. Jh. bedienten sich Künstler wie Georg Baselitz, Lovis Corinth, Emil Nolde, Oskar Kokoschka, Henri Matisse, Picasso und Max Slevogt des lithografischen Verfahrens, oft auch in Kombination mit anderen Techniken wie z. B. der Fotografie (Jasper Johns, Robert Rauschenberg).

Lochkamera

→ Camera obscura

Magischer Realismus

Der Begriff „Magischer Realismus“ wurde 1924 von dem Kunstkritiker Franz Roh geprägt und bezeichnet eine gegenständliche Strömung innerhalb der Malerei, die von der → Neuen Sachlichkeit nicht oder nur in wenigen Punkten zu unterscheiden ist. Der Magische Realismus arbeitet mit einem ruhigen, ausgewogenen Bildaufbau und bedient sich eines stilisierenden, glattflächigen Formenvokabulars, das bohrend und manchmal beschwörend das wahre Wesen der Dinge und Personen zu ergründen sucht. Damit steht er diametral dem sozialkritischen Anliegen des zeitgleichen → Verismus gegenüber, der mit bissiger Satire die gesellschaftlichen Missstände der zwanziger Jahre entlarven möchte. Beide Stiltendenzen werden oft als polare Formen der Neuen Sachlichkeit (Oberbegriff) verstanden. Einig waren sich die Maler des Magischen Realismus in ihrer Ablehnung jeglicher impressionistischer oder expressionistischer Tendenzen. Stattdessen bezogen sie wesentliche Anregungen aus der deutschen Romantik.Besonders typisch sind die Stillleben Alexander Kanoldts, die in ihrem vordergründig einfachen Bildaufbau suggestive und fast magische Qualitäten von erstaunlicher Sogwirkung entfalten. Weitere Künstler des „Magischen Realismus“ sind Carlo Mense, Christian Schad und Georg Schrimpf. Der Begriff „Magischer Realismus“ wird auch für bestimmte Maler der sechziger Jahre gebraucht, die sich – in Anlehnung an die Neue Sachlichkeit – einer realistischen Malweise bedienten, welche trotz scheinbarer Objektivität einen magischen Hintersinn entwickelt (z.B. Konrad Klapheck).

Malerei

Neben der → Bildhauerei und → Grafik ist die Malerei die dritte große → Kunstgattung. Wie die Grafik bewegt sich die Malerei in der Fläche und steht damit im Gegensatz zur Bildhauerei und zum → Relief. Die wichtigsten künstlerischen Mittel sind Farbe und Linie, wobei die größte Bedeutung der Gestaltung der Farbe zukommt. Beschränkt sich die zweidimensionale Darstellung (hauptsächlich) auf das Bildelement der Linie, so ist die Grenze zur Grafik bzw. zur → Zeichnung überschritten. Allerdings gibt es Bereiche, die zwischen Malerei und Zeichnung liegen, so das → Pastell. Je nach der Art des Bildgrundes lässt sich die Malerei in verschiedene Varianten unterscheiden: Während das Fresko und die Wandmalerei an einen bestimmten Ort gebunden und daher unbeweglich sind, können die Werke der Buch- und Tafelmalerei beliebig transportiert werden. In Abhängigkeit zur jeweiligen Technik lassen sich folgende Unterscheidungen vornehmen: z.B. → Acrylfarben, → Aquarell, → Enkaustik, → Gouache, → Graffiti, → Ölmalerei, → Pastell und → Tempera. Was die Fragen des Bildinhalts betrifft, kann eine weitere Differenzierung in verschiedene → Bildgattungen getroffen werden: Architekturbild, Genremalerei, Historienmalerei, Interieur, Landschaftsmalerei, Porträt, Selbstporträt, Stillleben, Vedute und weitere Untergruppierungen. Obgleich die aufgeführten Bildgattungen auch im 20. Jh. ihren Platz einnehmen, ließ ihre dominierende Erscheinungsweise seit dem Ende des 19. Jh.s deutlich nach. Nicht zuletzt die → abstrakte Kunst sprengte zu Beginn des 20. Jahrhunderts das starre Gattungsgefüge, das im 17. und 18. Jh. seine größte Wirkung entfaltete. Kennzeichnend für die Malerei im 20. Jh. ist die rasche Folge von immer neuen, avantgardistischen Strömungen (→ Avantgarde). Das größte Potential an Veränderung besteht dabei in formalen Gesichtspunkten, d.h., nicht so sehr die Themen ändern sich, sondern die künstlerischen Mittel. Bis in die Zeit um 1970 reagierte innerhalb der Malerei eine künstlerische Revolution auf die andere. Obgleich in den achtziger Jahren die Malerei für rund zehn Jahre wieder in den Vordergrund drängte (→ Neue Wilde, → New Image Painting, → Trans-Avantgarde), blieben wirkliche Neuerungen weitgehend aus. In den neunziger Jahren dominierten → Fotografie und → Videokunst.

Materialbild

Das Materialbild wird durch die Verwendung unterschiedlicher Materialien reliefartig (→ Relief) strukturiert. Häufig finden sich Naturmaterialien wie Sand, Kies, Steine, Holz, Schwämme oder Stoff und Sackleinen in die Bildfläche integriert. Das Materialbild zählt zu den typischen Bereichen in der Kunst des 20. Jh.s, die sich durch eine Auflösung und Verschmelzung der traditionellen → Kunstgattungen charakterisieren. Im Gegensatz zum → Combine Painting bleibt jedoch das Tafelbild weitgehend bestehen, wird zwar reliefartig erweitert, aber nicht grundsätzlich in Frage gestellt. Anknüpfungspunkte gibt es bezüglich des Materials bei der → Arte povera und bezüglich des Gestaltungsprinzips bei der → Assemblage. Bereits in den zwanziger Jahren finden sich erste Materialbilder beispielsweise bei Kurt Schwitters und Willi Baumeister. In größerem Umfang kommt das Materialbild im → Informel der fünfziger Jahre zur Geltung, z.B. bei Antoni Tapiès, der bevorzugt mit grobem Sackleinen arbeitet. Bekannt sind auch die monochromen „Schwammbilder" von Yves Klein, die „Achromes" von Piero Manzoni sowie Materialbilder von Alberto Burri, César Domela und Jean Dubuffet.

Merz

Der Begriff „Merz“ kennzeichnet bestimmte Arbeiten von Kurt Schwitters und geht auf eine Anzeige der „Commerz- und Privatbank“ aus dem Jahr 1919 zurück. Schwitters schnitt die zweite Silbe von „Commerz“ aus und verwandte sie für eine → Collage. In den folgenden Jahren taucht der Begriff „Merz“ als „Merz-Kunst“, „Merz-Bild“, „Merz-Säule“, „Merz-Bau“ etc. in allen Schaffensbereichen von Kurt Schwitters auf. Kennzeichnend für die „Merz-Kunst“ ist einerseits das Verfahren der Collage, die nahezu assemblageartigen (→ Assemblage) Charakter annimmt, und andererseits die Verwendung ausgedienter, abgenutzter Alltagsgegenstände, die als → Objets trouvés in die Arbeiten integriert werden. Sein eigentliches Hauptwerk, den „Merz-Bau“, begann Schwitters im Jahr 1923 in seinem Haus in Hannover: Eine environmentartige (→ Environment) Innenraumgestaltung, die stilistisch für Schwitters die Abkehr vom → Dadaismus und die Hinwendung zu konstruktivistischen (→ Konstruktivismus) Tendenzen bedeutete.

Minimal Art

Die Minimal Art (engl. = minimale Kunst) entstand im Lauf der sechziger Jahre in den USA und stellt eine wesentliche Erneuerungsbewegung der → Skulptur nach 1945 dar. Die Entstehung des Begriffs ist umstritten, doch deuten viele Hinweise auf den amerikanischen Kunstkritiker Richard Wollheim, der damit 1965 Arbeiten mit „minimalem Inhalt“ bezeichnete. Die gegenstandslosen Skulpturen der Minimal Art bestehen häufig aus mehreren, stark reduzierten geometrischen Körpern, oft in Gestalt von Primärformen wie Kubus, Kugel, Quader, Zylinder etc. Allerdings vermeiden sie jede Art von symbolischen, illusionistischen oder metaphorischen Bezügen, stattdessen konzentrieren sie sich ganz auf die Wechselbezüge der einzelnen Elemente untereinander, setzen sich mit Licht- und Raumverhältnissen auseinander. Die Minimal Art gründet sich auf bestimmte Bereiche des → Konstruktivismus und der → Konkreten Kunst. Wichtigen Einfluss hatten die auf geometrische Elemente zurückgeführten Bilder von Josef Albers, Barnett Newman oder Ad Reinhardt. Entstanden als Gegenbewegung zu der dem Alltag entstammenden Gegenständlichkeit der → Pop Art und dem emotionalen Subjektivismus des → Abstrakten Expressionismus, erfasste die Minimal Art im wesentlichen die Skulptur und entspricht in gewisser Weise dem → Hard Edge in der Malerei. Neben dem durch rationale Blockformen in sich abgeschlossenen, hermetischen Charakter ist auch eine spielerische Komponente kennzeichnend, die sich im Gestaltungsprinzip der seriellen Reihung zeigt. Aus diesen Eigenschaften lässt sich die Minimal Art als eine präzise kalkulierende, sachlich-rationale, scheinbar objektiven Gesetzmäßigkeiten gehorchende Stilrichtung beschreiben, geprägt von einer gewissen Zeitlosigkeit. Jede subjektive Handschrift des Künstlers wird streng vermieden, die Oberflächen der Arbeiten sind glatt, manchmal sogar poliert. Zu den wichtigsten Arbeiten der Minimal Art zählen die flachen, begehbaren Stahlplatten von Carl Andre, die farbigen, kastenartigen Objekte von Donald Judd und die quaderförmigen, durchbrochenen Gitterstrukturen von Sol LeWitt. Weitere wichtige Künstler sind: Dan Flavin, John McCracken, Robert Morris, Richard Serra und Tony Smith. Großen Einfluss hatte die Minimal Art auf die → Concept - und → Land Art. Viele Künstlerinnen und Künstler arbeiten auch innerhalb dieser benachbarten Strömungen, wobei insbesondere mit der Concept Art enge Verbindungen bestehen

Mixed Media

→ Multi Media

Mobile

Das Mobile (lat. *mobilis* = beweglich) ist eine Variante der → Kinetischen Kunst. Es handelt sich um ein frei in der Luft aufgehängtes Kunstwerk, das schon durch einen geringen Luftzug in Bewegung versetzt wird. Die einzelnen, oft fragilen Teile sind mit dünnen Drähten oder Schnüren an einem Gestänge befestigt, welches sie exakt ausbalanciert. Der Begriff wurde 1932 von Marcel Duchamp für bewegliche Skulpturen Alexander Calders gebraucht, der ab 1934 die ersten klassischen Mobiles schuf. Zeitgleich montierte Calder als gegensätzliche Entsprechungen die sog. Stabiles, unbewegliche, dynamisch geschwungene Skulpturen. Mobiles sind auch von Pol Bury, Harry Kramer und George Rickey bekannt.

Moderne

Der Begriff „Moderne", in etwa gleichbedeutend mit „moderne Kunst", fasst als Sammelbezeichnung alle künstlerischen Entwicklungen seit etwa 1870 zusammen, also seit dem → Impressionismus. Vielfach wird er auch als Synonym für die Kunst des 20. Jh.s gebraucht. In jüngerer Zeit wird mit dem Begriff „Moderne" mehr und mehr ein Zeitraum von etwa 1870 bis 1970 bezeichnet: eine höchst spannungsvolle Phase der Kunst, in der eine künstlerische Revolution der nächsten folgte. Die Vorgeschichte der Moderne beginnt bereits mit dem Ende des 18. Jh.s, als Künstlerinnen und Künstler nach und nach ihre wirtschaftlich gesicherten Positionen verloren, die sie durch ihre feudalen Auftraggeber genossen. Schon die Romantik empfand eine tiefe Kluft zwischen Mensch und Natur, die sich in radikalen, seinerzeit Aufsehen erregenden Kunstwerken ausdrückte, z.B. in einigen Bildern von Caspar David Friedrich. Zugleich begann die starre ikonografische Tradition Auflösungserscheinungen zu zeigen: Weite Bereiche des 19. Jh.s sind geprägt von der intensiven Suche nach neuen Inhalten einerseits und einem immer wieder neuen Rückfall in längst vergangene Kunstepochen andererseits (Historismus). Doch je mehr sich die Kunst zu neuen Lösungen entschloss, desto augenfälliger wurde der schleichende Verlust an Übereinstimmung zwischen Künstler und Publikum – ein markantes Kennzeichen der Moderne, das spätestens seit dem Impressionismus die öffentliche Diskussion bestimmte und bis in unsere Tage hinein immer wieder für erbitterte Auseinandersetzungen sorgt. Mit dem Impressionismus setzte auch in größerem Umfang eine subjektiv gekennzeichnete Sichtweise der Wirklichkeit durch die Künstlerinnen und Künstler ein. Nicht mehr religiöse Motive und nicht mehr die Darstellung feudaler Herrlichkeit bestimmen das künstlerische Handeln, sondern die Kunstschaffenden sind sich selbst und ihren persönlichen Empfindungen der Wirklichkeit verantwortlich. Auf diese Weise wird die moderne Kunst zum Vermittler von vielfältigen Elementen der Lebenswirklichkeit, wobei die jeweilige Zeitsituation die ausschlaggebenden Impulse liefert. Mit dem Begriff „Klassische Moderne“ werden die wichtigsten modernen Kunstströmungen zwischen etwa 1905 und dem Ausbruch des Zweiten Weltkrieges bezeichnet: → Expressionismus, → Fauvismus, → Kubismus, → Futurismus, → Dadaismus, → Konstruktivismus, → Surrealismus etc. Der Begriff → „Postmoderne“ bezieht sich hingegen auf verschiedene künstlerische Positionen der achziger Jahre

Moderne Kunst

→ Moderne

Modernismo

→ Jugendstil

Modern Style

→ Jugendstil

Monochromie

Im Gegensatz zur → Polychromie ist die Monochromie eine Malerei in Tonwerten einer einzigen Farbe. Bereits im frühen 20. Jh. sind Versuche feststellbar, eine Bildstimmung durch die Verwendung eines monochromen Farbwertes zu beeinflussen (etwa in der sog. rosa oder blauen Periode Picassos) oder ein Bild aus einem einzigen Farbton aufzubauen (wie 1913 bei Kasimir Malewitsch). Nach dem Zweiten Weltkrieg schufen Künstler wie Yves Klein, Lucio Fontana, Piero Manzoni, Ad Reinhardt, Robert Ryman, Jan Schoonhoven oder Günther Uecker monochrome Werke.

Monotypie

Unter einer Monotypie (griech. *monos* = einzig; *typos* = Druck) versteht man den einmaligen Abdruck von einer Platte (Glas, Metall, auch Pressspan oder Wachskarton). Die Zeichnung wird dabei direkt auf den Druckträger gebracht und solange die Farbe noch feucht ist auf Papier gedruckt. Beim Durchdruckverfahren färbt man zunächst die gesamte Oberfläche der Platte mit Druckfarbe ein, legt Papier auf und zeichnet dann mit einem

Griffel o.ä. auf dessen Rückseite. Wo der Griffel auf die Plattenoberfläche drückt, wird die Druckfarbe vom Papier satt angenommen und erscheint positiv, d.h. seitenrichtig auf dem Abdruck. Da die Monotypie nur einen einzigen Abdruck erlaubt (→ Unikat), zählt man sie nicht mehr zur → Druckgrafik, deren Hauptmerkmal die Reproduktion vieler identischer Abbildungen ist. Vom Italiener Giovanni Castiglione im 17. Jh. erfunden, wird das Verfahren auch heute noch gelegentlich angewendet. Im 20. Jh. stellten u.a. Julius Bissier, Horst Janssen, Paul Klee, Henri Matisse oder Christian Rohlfs Monotypien her.

Multi Media

Unter dem Begriff „Multi Media" (lat. *multus* = viel; *medius* = dazwischen), auch „Mixed Media" genannt, versteht man im ursprünglichen Sinn die Verknüpfung mehrerer Kunstdisziplinen zu einer neuen Einheit bzw. zu einem Medienverbund (z.B. bildende Kunst, Literatur, Musik, Tanz, Theater). Das Ziel der Multi Media besteht in einer Sensibilisierung des Zuschauers durch eine Aktivierung aller Sinne mit der Folge, dass die Wahrnehmung einen erhöhten Aufmerksamkeitsgrad erfordert. Es zeigt sich ein „aufklärerisches" Moment, das vielen Kunstströmungen der sechziger Jahre als beabsichtigte Bewusstseinsveränderung zugrunde liegt. Die Konfrontation mit ungewohnten und irritierenden Abläufen kommt als künstlerisches Mittel ebenso zum Einsatz wie die verschiedenen technischen Medien Film, → Fotografie, Tonband, Synthesizer, Video etc. Ein zentrales Kennzeichen der Multi Media findet sich in der Auflösung der traditionellen → Kunstgattungen, eine fast logische Konsequenz, die sich aus der erklärten Absicht ergibt, eine Erweiterung des konventionellen Kunstbegriffs anzustreben. Seit den neunziger

Jahren wird der Begriff „Multi Media“ mehr und mehr für künstlerische Werke gebraucht, die unter Einbezug des Computers entstehen (→ Computerkunst), bzw. über das Internet verbreitet werden (→ Netzkunst).

Multiple

Das Multiple (engl. = mehrfach) ist ein in industrieller Massenproduktion hergestelltes Kunstwerk, das kein Original im eigentlichen Sinn des Wortes kennt. Die → Auflage ist theoretisch unbegrenzt, denn durch die industrielle Fertigung ist eine gleichbleibende Qualität garantiert. Der Begriff ist seit den sechziger Jahren gebräuchlich und steht im Zusammenhang mit Demokratisierungsbestrebungen in der Kunst mit dem Ziel, sie für jedermann erschwinglich werden zu lassen. Zwar spricht man auch im Umfeld der → Grafik von Multiples, besonders im Bereich von → Sieb- und Offsetdruck, doch bezieht sich die Bezeichnung vorwiegend auf kleinere, dreidimensionale Arbeiten.

Naive Malerei

Die Naive Malerei umfasst eine Vielfalt oft gegensätzlicher Bildwelten, wobei sich die Gemeinsamkeiten gerade auch auf die Künstlerinnen und Künstler beziehen: Es handelt sich durchweg um Laien ohne akademische Ausbildung, die neben ihrem eigentlichen Beruf, in ihrer Freizeit oder auch erst im Ruhestand einer künstlerischen Betätigung nachgehen. Unbelastet von akademischen Traditionen oder dem Ringen der → Avantgarde um die der Gegenwart angemessene künstlerische Sprache arbeiten die naiven Künstlerinnen und Künstler ganz aus ihren inneren Vorstellungen und Träumen heraus, ohne sich dabei mit der offiziellen Kunst messen zu wollen. Ihre bunte, gegenständliche Bildsprache äußert Kategorien wie Glück, verlorenes Paradies, Heimat, phantastische Traumwelten oder Kindheitserinnerungen. Kennzeichen der Naiven Malerei ist der ausgeprägte Wunsch nach Harmonie und einer heilen Welt, in der Mensch, Tier und Natur in Einklang stehen. Außerdem ist sie sehr auf die Person und die Biografie des jeweiligen Kunstschaffenden bezogen. Immer wieder fällt ein charakteristischer Detailreichtum ins Auge. Ende des 19. Jh.s trat die Naive Malerei vor allem zunächst in Frankreich in den Blickpunkt der Öffentlichkeit. An erster Stelle ist der Zöllner Henri Rousseau zu nennen, der erst nach seiner Pensionierung zu malen begann und dessen ursprüngliche Bilder keinen geringen Einfluss auf → Expressionismus, → Kubismus und → Surrealismus hatten. Schon bald breitete sich die Naive Malerei auf andere Länder aus. Weithin Anerkennung fanden in den USA Edward Hicks, Morris Hirshfield, Grandma Moses und in Frankreich André Bauchant, Camille Bombois, Henri Rousseau, Séraphine. Bemerkenswert ist die Orientierung von Künstlern wie Marc Chagall oder Paul Klee an der Naiven Malerei, deren ursprüngliches, unverbildetes Empfinden ihnen als kreative Quelle diente. In besonderem Maße integrierten Jean Dubuffet und die Künstler der Gruppe „Cobra" Merkmale naiver Malerei in ihre Bilder.

Nationalsozialistische Kunst

Als eine der nationalsozialistischen Diktatur eingegliederte künstlerische Äußerung mit in weiten Teilen propagandistischer Wirkung und Intention richtete sich die nationalsozialistische Kunst gegen sämtliche avantgardistischen Strömungen (→ Avantgarde), insbesondere gegen die gegenstandslose Kunst (z.B. → Bauhaus). Die diffamierende Aktion → Entartete Kunst (1937) ließ keinen Raum für eine andersdenkende Kunst. An die Stelle der individuellen, durch die künstlerische Freiheit geprägten Bildsprache trat die staatliche Autorität mit dem Auftrag, ein (pseudo-)idealistisches Menschenbild zu entwerfen, das der nationalsozialistischen Ideologie des „arischen" Menschen entsprechen sollte. Nicht zuletzt im Hinblick auf eine angestrebte Massenwirkung wurde eine dem → Realismus des 19. Jh.s verwandte Bildsprache eingesetzt, die sich durch eine altmeisterliche, detailgenaue Technik kennzeichnet. Die Themenpalette umfasste neben den traditionellen Gattungen Landschaft, Porträt und Stillleben insbesondere bäuerliche Szenen, pathetisch aufgeladene Schilderungen der Arbeitswelt und später auch heroische Darstellungen des Zweiten Weltkriegs. In den teilweise fast mythisch verklärten bäuerlichen Sequenzen spiegeln sich Kategorien wie Erdverbundenheit, Heimatliebe, Familienbande, „rechtschaffene" Tugend, unermüdlicher Fleiß und eine reaktionäre Gesellschaftsauffassung (z.B. Hans A. Bühler, Sepp Hilz, Adolf Wissel). Idealisch verklärte Propaganda betreiben in besonderer Weise die zahlreichen Kriegsdarstellungen, die den Durchhaltewillen der Bevölkerung aufrecht erhalten sollten. Neben eher realitätsnahen Szenen (z.B. Elk Eber, Franz Eichhorst, Wolfgang Willrich) sind mythologische Sinnbilder charakteristisch, wie z.B. die antikisierenden, monumentalen Skulpturen und Reliefs von Arno Breker und Josef Thorak. Die nationalsozialistische Kunst ist in ihrer politisch-ideologischen Determination und selbst in ihren formalen Mitteln und Themen mit der Kunst des → Sozialistischen Realismus in der Sowjetunion vergleichbar.

Neodadaismus

Die Bezeichnung „Neodadaismus" (auch „Neo-Dada") fasst als Sammelbegriff verschiedene Strömungen in den späten fünfziger Jahren zusammen, die sich in Ablehnung des gegenstandslosen → Informel und → Abstrakten Expressionismus, in der Rückbesinnung auf den → Dadaismus wieder der Lebenswirklichkeit zuwandten. Unter Einbezug trivialer Mittel, wie z.B. der Integration realer Gegenstände (→ Objet trouvé), sollte ein neuer Realitätsbezug die als ausgehöhlt empfundene Transzendenz der gegenstandslosen Kunst ablösen und zu einem unmittelbaren Austausch von Kunst und Leben führen. Darin liegt ein wesentlicher Unterschied zum Dadaismus, der mit schneidender Provokation die gesellschaftlichen und politischen Zustände seiner Zeit attackierte. Das Ziel des Neodadaismus bestand dagegen darin, das Bewusstsein des Betrachters für eine sich den (unerfreulichen) Realitäten stellende Kunst zu schärfen. Durch die Entwicklung neuartiger, die traditionellen → Kunstgattungen sprengenden Techniken und Verfahren erfuhr der Kunstbegriff eine entscheidende Ausdehnung. In den USA, genauer in New York, sind in erster Linie die → New Realists Jasper Johns und Robert Rauschenberg zu nennen (vgl. → Combine Painting). Die Künstler des → Nouveau Réalisme in Paris häuften Alltagsgegenstände zu objektartigen → Akkumulationen und → Assemblagen. Aber auch die entstehende → Aktionskunst zählt zum neodadaistischen Ansatz.

Neoexpressionismus

Der Stilbegriff „Neoexpressionismus“ bezeichnet eine starkfarbige, emotionale Malerei, die hinsichtlich ihrer formalen Mittel direkt oder indirekt an den deutschen → Expressionismus anknüpft. Die Unterschiede zum Expressionismus liegen einerseits in der Erfahrung des → Abstrakten Expressionismus, ohne den der Neoexpressionismus nicht denkbar wäre, und in der Wahl der Themen. Der Neoexpressionismus umfasst in erster

Linie die radikal subjektive Malerei der sog. Väter der → Neuen Wilden: Georg Baselitz, K.H. Hödicke, Anselm Kiefer, Bernd Koberling, Markus Lüpertz oder A.R. Penck. Durch die neuerliche Hinwendung einer jungen Künstlergeneration zu expressiver Formensprache in den späten siebziger Jahren wurden sie als deren Leitbilder bekannt und erreichten rasch internationale Bedeutung.

Neo-Geo

Als Antwort auf die emotionale, gegenständliche Malerei der → Neuen Wilden setzte sich Mitte der achtziger Jahre besonders in Österreich und der Schweiz, aber auch in Deutschland die kühle, geometrisch-gegenstandslose Malerei des Neo-Geo durch. Die Bezüge zu → Konstruktivismus, → Konkreter Kunst und → Hard Edge liegen allerdings weit entfernt und beziehen sich allenfalls auf bestimmte formale Elemente, nicht jedoch auf die inhaltliche Intention. Das Neo-Geo entwickelt sowohl in auffallend kleinen als auch in monumentalen Formaten einfache, geometrische Formen von bisweilen bunter Farbigkeit. Die Komposition gehorcht keiner strengen Vorgabe, sondern scheint von einer spielerischen Freude an Form und Farbe durchdrungen. Die distanzierte Eleganz einerseits und die unbeschwerte Leichtigkeit andererseits münden oftmals in ein unverbindlich schmückendes Dekor und eine gewisse inhaltliche Beliebigkeit, wie sie für die achziger Jahre typisch ist. Das Neo-Geo gewinnt seine unverfängliche Heiterkeit und seinen leicht unterkühlten Charme nicht zuletzt durch den Verzicht auf Symbolik oder transzendente Dimensionen. Als die wichtigsten Vertreter des Neo-Geo gelten die Schweizer John Armleder, Helmut Federle und Olivier Mosset sowie der Österreicher Gerwald Rockenschaub.

Neoimpressionismus

Den Begriff „Neoimpressionismus" prägte der französische Kunstkritiker Félix Fénéon in der Brüsseler Zeitschrift „L'Art moderne" im Jahr 1886. Fénéon beschrieb damit die spezifische Malweise von Georges Seurat, Paul Signac und Camille Pissarro (zeitweise), die seit Mitte der achtziger Jahre des 19. Jh.s ihre Bildmotive in unzählige kleine Punkte reiner Farbe auflösten, die erst aus einiger Entfernung zum Bild zu einer optischen Mischung gelangen, d. h. erst aus der Distanz betrachtet, bilden sich fließende Übergänge. Auf diese Weise suchten sie den → Impressionismus fortzuführen, den sie an einem Endpunkt angelangt sahen. Aufgrund dieser systematischen, zum Teil rasterartigen Zerlegung der Farbe, beruhend auf der Erkenntnis der Zusammensetzung des Lichts aus Spektralfarben, wird gleichbedeutend auch der Begriff „Divisionismus" (frz. *la division* = Teilung) gebraucht. Auch der Begriff „Pointillismus" (frz. *le point* = Punkt) findet häufig als Synonym Verwendung. Geschickt setzten die Künstler die Wirkungen des → Komplementär- und → Simultankontrasts ein. Aus diesem Grund wurde der Bildgegenstand zunehmend unwichtig, stattdessen lassen sich Stilisierungs- bzw. Abstraktionstendenzen erkennen. Durch die rasterähnliche Struktur der Bilder und die innerhalb eines Bildformates stets gleichbleibende Größe der Pinseltupfen entsteht ein distanzierter, sachlicher Eindruck, der sich sowohl von der atmosphärischen Bewegung des Impressionismus als auch der impulsiven, emotional gestimmten Dynamik der zeitgleichen Wegbereiter des Expressionismus, Vincent van Gogh, Paul Gauguin oder Edvard Munch, deutlich unterscheidet. Der Neoimpressionismus gilt als eine der zentralen Vorläuferströmungen der → Moderne des 20. Jh.s. Von entsprechender Wirkung ist sein Einfluss auf den → Fauvismus, → Futurismus und → Kubismus.

Neokonzeptuelle Kunst

In Opposition zu der spontanen, emotional geprägten Bilderflut der → Neuen Wilden in Deutschland bzw. dem → New Image Painting in den USA entstand in den frühen achtziger Jahren mit der Neokonzeptuellen Kunst eine räumliche Stiltendenz, die in ihrer rationalen Sachlichkeit und hintergründigen Intellektualität an die → Minimal- und → Concept Art der sechziger und siebziger Jahre anschließt. Der Begriff bezeichnet sowohl Erscheinungsformen in den USA als auch in Europa, wobei die künstlerischen Formen durch große Heterogenität charakterisiert sind. Als wichtige Vertreter gelten in Großbritannien Anish Kapoor und Bill Woodrow, in den USA Haim Steinbach und Jeff Koons, in Deutschland Reinhard Mucha, Stephan Huber und Günther Förg.

Neoplastizismus

In seinem Essay „Le Néoplasticisme" (abgeleitet von holl. *nieuwe heelding* = neue Formgebung) fasste Piet Mondrian 1920 seine Kunsttheorie zusammen, die universale Gestaltungsprinzipien für die Bereiche Malerei, Design und Architektur formuliert. Unter dem Ausschluss von Emotion, Subjektivität und Gegenständlichkeit sollte eine neue Dimension räumlicher Ordnung erschlossen werden, gekennzeichnet durch konstruktive Klarheit und strenge Balance. Gestaltungsgrundlage sind das orthogonale System von Horizontaler und Vertikaler sowie die drei Primärfarben Gelb, Rot, Blau und die „Nichtfarben" Weiß, Grau, Schwarz. Die

Quellen des Neoplastizismus liegen in der Anthroposophie, dem Neuplatonismus und den Schriften des holländischen Mathematikers und Philosophen Schoenmaekers. Das elementare Ordnungssystem des Neoplatonismus war für die Künstler der → Stijl-Bewegung von grundlegender Bedeutung. Am konsequentesten und reinsten setzte Mondrian selbst die Ideen des Neoplastizismus in seiner radikal auf elementare Grundstrukturen reduzierten Malerei der zwanziger und dreißiger Jahre um.

Netzkunst

Sammelbezeichnung für künstlerische Werke, die gezielt für das Internet entstehen und über dieses verbreitet werden. Netzkunst, auch „Webart" genannt, ist ein wichtiger Bereich der → Neuen Medien. Seit Mitte der neunziger Jahre ist ein kontinuierlich zunehmendes Interesse von Künstlerinnen und Künstlern an den neuen technischen Möglichkeiten des Internets zu beobachten; insbesondere die junge Generation scheint wie magisch angezogen. Die weltweite Verbreitung von künstlerischen Werken bzw. Ideen und die interaktiven Kommunikationsmöglichkeiten zählen zu den wesentlichen Charakteristika dieser jungen und bisweilen schillernden Kunstsparte. Die ortlose interaktive Kunst setzt auf den Austausch mit einem weltweiten Publikum, was typischerweise bis hin zu dessen Mitwirkung bei der Herstellung oder Veränderung von künstlerischen Werken reicht. So wird oftmals der „passive" Betrachter von einst zu einem aktiven Mitgestalter. Dabei führen die Eingriffe und Kommunikationsmöglichkeiten des Publikums in alle denkbaren Richtungen. Das Spektrum reicht beispielsweise vom kommerziellen Vertrieb von Werken, die für den jeweiligen Website-Besucher nach dessen Wünschen vom Künstler gefertigt werden, bis hin zu einer aktiven Fortführung des künstlerischen Gedankens durch das Publikum. Kennzeichnend für die Netzkunst ist grundsätzlich eine spielerische Einstellung, die vom Experiment mit den neuen technischen Systemen und Programmen geprägt ist. Dauerhaftigkeit und Zeitlosigkeit, wie sie klassische → Kunstgattungen verkörpern, sind der Netzkunst fremd. Ihre Produkte sind oftmals nur virtuell vorhanden. Die derzeit noch langsamen Übertragungsraten der digitalen Bilder und Klänge zwingen die Netz-Künstlerinnen und -künstler zu einer effizient sich vermittelnden künstlerischen Präsentation. Von der Netzkunst im beschriebenen Sinn zu unterscheiden ist die Präsentation von „klassischen", nicht-digitalen Kunstwerken über das Internet zwecks Verkauf oder ideeller Vermittlung. So präsentieren mittlerweile fast alle Museen eine Auswahl ihrer Sammlung im Netz.

Neue Medien

Eine sich in den neunziger Jahren etablierende Sammelbezeichnung, die sämtliche Kunstformen umfasst, welche elektronische Apparate zur notwendigen Voraussetzung haben. Damit sind insbesondere folgende Sparten gemeint: → Computer-, → Netz- und → Videokunst, aber auch → Klanginstallationen, → Copy Art und → Faxkunst oder interdisziplinäre, multimediale Kunstwerke (vgl. → Multi Media). Zumeist wird auch die digital bearbeitete → Fotografie den Neuen Medien zugerechnet. Im Vergleich zu den klassischen → Kunstgattungen (→ Malerei, → Bildhauerei, → Grafik) nahm die Bedeutung der Neuen Medien während der letzten zehn Jahre erheblich zu. Die sich rasant entwickelnden neuen technischen Möglichkeiten besitzen u a. für eine jüngere Künstlergeneration eine hohe Anziehungskraft

Neue Sachlichkeit

Der Begriff bezeichnet eine charakteristische Stiltendenz der zwanziger Jahre in Deutschland und wurde 1923 vom Direktor der Kunsthalle Mannheim, Gustav Friedrich Hartlaub, geprägt. Eine von Hartlaub organisierte Wanderausstellung zeigte 1925 ein breites Spektrum gegenständlicher Malerei, die distanziert und kühl verschiedene Bereiche des Alltagslebens aufgriff, wobei eine gewisse Tendenz zur Stilisierung den Bildern ebenso innewohnt wie zumeist dunkle Farbwerte, verbunden mit flächiger Formgebung. Der Terminus „Neue Sachlichkeit" wird oft auch als Oberbegriff für → Magischer Realismus und → Verismus gebraucht, die als deren polare Ausprägungen verstanden werden können. Doch eine eindeutige Unterscheidung versagt insbesondere für das Verhältnis von Neuer Sachlichkeit und Magischem Realismus. Die Neue Sachlichkeit formierte sich bald nach 1918 als Gegenbewegung zu der sich rasch ausbreitenden → abstrakten Kunst und auch zu dem als pathetisch ausgehöhlt empfundenen → Expressionismus. Im Gegensatz zu zeitgleichen, avantgardistischen Strömungen war das Augenmerk der Neuen Sachlichkeit eher auf die Vergangenheit gerichtet. Durchgängig findet sich das Bewusstsein des unwiederbringlichen Verlustes an gültigen Idealwerten, die den Menschen in Einklang mit der Natur versetzen. Stattdessen sah man sich mit einer von Krieg und Kaiserzeit zerrütteten Gesellschaft konfrontiert, deren einziges Ziel im schnelllebigen, egoistischen Gewinnstreben zu liegen schien. Auf der einen Seite reagierten die Veristen, z.B. Otto Dix und George Grosz, mit schneidender Ironie auf die Missstände und Auswüchse der Gesellschaft, deren doppelte Moral sie zu entlarven suchten. Anknüpfungspunkte fanden sie besonders bei den

Künstlern des → Dadaismus. Anders die Künstler, die dem Magischen Realismus nahestanden, wie z.B. Christian Schad oder Alexander Kanoldt. Sie fanden wichtige Anregungen in der Malerei der deutschen Romantik und der italienischen → Pittura metafisica. Zu den Künstlern der Neuen Sachlichkeit zählen außerdem: Karl Hubbuch, Franz Radziwill, Anton Räderscheidt, Rudolf Schlichter, Georg Scholz, Georg Schrimpf u.a.

Neue Wilde

Der Sammelbegriff „Neue Wilde" leitet sich von einem Ausstellungstitel ab („Les nouveaux fauves. Die neuen Wilden", Neue Galerie – Sammlung Ludwig, Aachen, 1980) und bezieht sich auf unterschiedliche Formen einer expressiven, gegenständlichen Malerei, die ab 1978 in Deutschland aufkam und Mitte der achtziger Jahre ihren Höhepunkt bereits überschritten hatte. Im Wesentlichen lassen sich drei Zentren sowohl geografisch als auch stilistisch unterscheiden: Berlin, Hamburg und Köln. Für die Berliner Ausprägung wird auch der Begriff „Heftige Malerei" gebraucht, der ebenfalls auf einen Ausstellungstitel („Heftige Malerei", Haus am Waldsee, Berlin, 1980) zurückzuführen ist. Allen drei Strömungen gemeinsam ist die radikale Abwendung von der intellektuell verhärteten Kunst der siebziger Jahre, wie sie vor allem durch → Minimal- und → Concept Art repräsentiert wird. Die Wiederaufnahme der seit den späten sechziger Jahren für tot erklärten Malerei bedeutete für die Neuen Wilden eine fast rauschartige Befreiung und explosive Freisetzung ihrer eigenen Lebenssituation. Gemeinsam auch die Vorbilder, die im → Neoexpressionismus der sog. Väter der Neuen Wilden gefunden wurden: Georg Baselitz, K.H. Hödicke, Jörg Immendorff oder Markus Lüpertz.

Entfernte Anknüpfungen an den → Expressionismus sind weitere verbindende Kennzeichen. Die Berliner Heftige Malerei gründet sich in ihrem Kern auf die Künstler der (Produzenten-)Galerie am Moritzplatz: Rainer Fetting, Helmut Middendorf, Salomé und Bernd Zimmer. Ihre vehementen Bilder spiegeln ihre eigene, von der Großstadt bestimmte Lebenssituation. Die Kölner Ausprägung konzentriert sich um die Mitglieder der Künstlergruppe „Mülheimer Freiheit", der Hans Peter Adamski, Peter Bömmels, Walter Dahn und Georg Jiri Dokoupil angehörten. Ganz im Gegensatz zu Berlin stehen hier surrealistisch verschlüsselte Traum- und Phantasiewelten im Vordergrund, verbunden mit hintergründiger Ironie. In Hamburg verfolgten Werner Büttner, Martin Kippenberger sowie Albert und Markus Oehlen eine bisweilen düster sarkastische Malerei, die trotz verrätselter Bildsprache eine sozialkritische, politisch engagierte Haltung ersichtlich werden lässt. Die Malerei der Neuen Wilden ist mit der zeitgleichen italienischen → Arte Cifra (vgl. → Trans-Avantgarde) und entfernt mit dem amerikanischen → New Image Painting zu vergleichen.

New Image Painting

In den späten siebziger Jahren entwickelte sich in den USA das New Image Painting (engl. *new image* = neues Bild) als Gegenreaktion auf die intellektuelle Formensprache der → Concept Art, die sich in den siebziger Jahren schrittweise von der sinnlichen Präsenz (Farbe, Form, Material) entfernte. Vergleichbar mit der emotional geprägten Malerei der → Neuen Wilden in Deutschland und der → Arte Cifra in Italien, zielt das New Image Painting auf eine gestisch-bewegte Malweise mit subjektiven Inhalten, zum Teil auch symbolisch verschlüsselt. Doch im Gegensatz zu den genannten europäischen Strömungen erreicht es nicht deren konzentrierte Heftigkeit und expressive Aussage. Stattdessen finden sich häufig Stil- und Motivzitate aus der Kunstgeschichte, die einen spielerischen, bisweilen auch dekorativen Umgang mit der Geschichte als jederzeit verfügbares „Material" zeigen (vgl. → Postmoderne). Zu den wichtigsten Vertretern des New Image Painting zählen David Salle und Julian Schnabel.

New Realists

Unter dem Begriff „New Realists" (engl. = neue Realisten) fasst man eine junge Generation amerikanischer Künstler in der zweiten Hälfte der fünfziger Jahre zusammen, die sich in New York von der Vorherrschaft des → Abstrakten Expressionismus mit auf die Wirklichkeit bezogenen Arbeiten abzusetzen suchten. Lange bevor sie mit dem Begriff → Pop Art belegt wurden, vollzogen Jasper Johns und Robert Rauschenberg die Rückkehr zum Gegenstand, wobei die Wiederentdeckung dadaistischer Arbeitsverfahren (→ Dadaismus) an der Entwicklung des → Combine Painting entscheidenden Anteil hatte, das letztlich als die typische Ausdrucksform der New Realists gilt. Gerade die Integration von trivialen Gegenständen des Alltagslebens wurde als grobe Provokation gegen den (farblichen) Ästhetizismus des Abstrakten Expressionismus empfunden, stellte sich jedoch in den sechziger Jahren als ein für die gesamte Pop Art bahnbrechender Impuls heraus.

New York School

Sammelbegriff für alle innovativen Avantgarde-Strömungen der vierziger und frühen fünfziger Jahre in New York. Allen Tendenzen ist der initiierende Impuls der durch den Zweiten Weltkrieg emigrierten europäischen Künstler gemeinsam, ebenso wie eine durchgängige Entwicklung zur Abstraktion. Prägenden Einfluss auf die junge Generation amerikanischer Maler übte die „Hofmann School of Art" in New York aus, die bereits 1934 von Hans Hofmann gegründet wurde. Auch Josef Albers, André Masson und Piet Mondrian, um nur wenige zu nennen, hatten entscheidenden Anteil, dass sich das international maßgebende Kunstgeschehen in den frühen vierziger Jahren von Paris nach New York verlagerte. Somit steht der Begriff „New York School" für die junge amerikanische Kunst, die spätestens seit Ende der vierziger Jahre (erstmals) mit bahnbrechenden Entwicklungen wie dem → Abstrakten Expressionismus, dem → Action Painting oder dem → Colourfield Painting die gesamte westliche Kunstentwicklung neu definierte. An den Impulsen der New York School waren folgende Künstler beteiligt: Arshile Gorky, Adolph Gottlieb, Franz Kline, Willem de Kooning, Robert Motherwell, Barnett Newman, Jackson Pollock, Ad Reinhardt und Mark Rothko.

Nouveau Réalisme

Der Begriff „Nouveau Réalisme" (frz. = neuer Realismus) wurde von dem französischen Kunstkritiker Pierre Restany in einem Manifest im April 1960 anlässlich einer Ausstellung in der Galerie Apollinaire in Mailand geprägt. Die Bezeichnung bezieht sich auf eine Stiltendenz der späten fünfziger und frühen sechziger Jahre in Frankreich, repräsentiert durch eine eng zusammengehörige Gruppierung von Künstlern, die sich im Oktober 1960 zusammenschlossen: Arman, César, François Dufrêne, Raymond Hains, Yves Klein, Martial Raysse, Mimmo Rotella, Daniel Spoerri, Jean Tinguely und Villeglé.

1961 traten die Bildhauerin Niki de Saint-Phalle, 1962 Gérard Deschamps und 1963 Christo der Gruppe bei. In strikter Ablehnung der subjektiv emotionalen Geste aller gegenstandslosen Strömungen der fünfziger Jahre (→ Abstrakter Expressionismus, → Informel, → Tachismus) fanden die „Nouveaux Réalistes" zum Gegenstand und damit zu einem direkten Bezug zur Realität zurück. Durch den Einsatz von Alltagsgegenständen und vor allem Abfallstücken des westlichen Wohlstandsmülls, oft im Sinn eines → Objet trouvé, erzielten sie eine sehr direkte, manchmal provokative Verbindung zur Lebenswirklichkeit, ohne dass dabei weder auf eine sozialkritische noch ironische Komponente verzichtet wurde. Der Nouveau Réalisme, ausgehend vom → Dadaismus, vermittelte der → Objektkunst entscheidende Erneuerungsimpulse: Neben der → Assemblage sind besonders → Akkumulation und → Décollage typische Ausdrucksmittel, deren Entwicklung direkt mit dem Nouveau Réalisme verbunden ist. Arman häufte in seinen Akkumulationen Gegenstände jeweils einer Art in einem durchsichtigen Kasten auf – Kaffeemaschinen, Puppen oder Revolver – und reflektiert damit indirekt das Phänomen der Massengesellschaft. François Dufrêne, Raymond Hains, Mimmo Rotella und Villeglé entlarvten durch ihre Plakatabrisse (Décollagen) eine auf Werbung und Kinospektakel basierende Trivialwelt. Schließlich sind die Fallenbilder Daniel Spoerris zu nennen, die nicht nur als dokumentarische Momentaufnahmen, sondern als ungewöhnlich direkte Ausschnitte des Alltags die Kategorien Zeit und Vergänglichkeit thematisieren. Der Nouveau Réalisme schuf eine Grundlage der → Pop Art in Europa, vergleichbar den → New Realists in New York, die ihrerseits die Voraussetzungen der amerikanischen Pop Art entwickelten.

Objektkunst

Zu den wesentlichen Neuerungen der Moderne zählt das Objekt, dessen Entwicklung sich wie ein roter Faden durch die Kunst des 20. Jh.s zieht. In einer Vielzahl von Tendenzen ist die Objektkunst stets eng mit der äußeren Realität verbunden, denn an die Stelle der Abbildung bzw. Nachbildung des Gegenstands tritt der reale Gegenstand selbst. Durch diesen Kunstgriff gelangen (vorfabrizierte) Alltagsgegenstände und Dinge des täglichen Gebrauchs – häufig abgenutzt, verbraucht oder gar in Form von (Wohlstands-)Müll – gewissermaßen als „Fundstücke" in das Kunstwerk. Dabei können sie völlig unverändert sein (→ Objet trouvé) oder aber auf unterschiedlichste Art künstlerisch verwandelt. Der kreative Prozess richtet sich auf die Auswahl und Zusammenstellung der Objekte, mit dem Ziel einer Realitätsannäherung einerseits und der Erweckung vielschichtiger Assoziationsfelder andererseits. Die Objekte können sowohl anspielungsreiche, ironische Pointen hervorrufen als auch sozialkritisch-provozierenden Charakter annehmen. Von grundlegender Bedeutung für die Entstehung des Objekts sind die → Papiers collés (ab 1911/12) von Georges Braque und Pablo Picasso, die zugleich den Ausgangspunkt der → Collage bilden. Der → Futurismus nahm diese Entwicklung ebenso auf wie Wladimir Tatlin, der daraus seine Kontra-Reliefs ableitete. Die → Ready-mades Marcel Duchamps ab 1913 bilden eine weitere revolutionäre Etappe in der Entwicklung des Objekts. Die Präsentation von Alltagsgegenständen als Kunstwerke wirkte sich nicht nur für die Objektkunst des → Dadaismus und → Surrealismus inspirierend aus, sondern hatte enormen Einfluss auf die → New Realists und den → Nouveau Réalisme in den späten fünfziger bzw. frühen sechziger Jahren. Wichtige Protagonisten des

Objekts in seiner Frühzeit sind außerdem Hans Arp, Max Ernst, Raoul Hausmann, Meret Oppenheim, Francis Picabia, Man Ray und Kurt Schwitters. Nach 1945 entwickel-te Robert Rauschenberg das → Combine Painting, eine Form des → Materialbildes, das für den Beginn der → Pop Art eine wichtige Rolle spielte. Daneben gilt die → Assemblage als wichtige Variante der Objektkunst. Auch die Künstler des Nouveau Réalisme waren maßgeblich an dem zweiten großen Entwicklungssprung der Objektkunst beteiligt.

Objet trouvé

Das Objet trouvé (frz. = gefundener Gegenstand) ist ein vorgefundener Gebrauchsgegenstand, zumeist dem zivilisatorischen Alltag oder dem Wohlstandsmüll entstammend. Mit keinen oder nur minimalen Veränderungen findet es sich in der Regel als ein Bestandteil in ein Kunstwerk integriert. Somit tritt der reale Gegenstand an die Stelle seines Abbildes, was immer wieder zu heftiger Diskussion führte. Die Bedeutung des Objet trouvé liegt in seinem außergewöhnlichen, nicht mehr zu steigernden Wirklichkeitsgehalt, der sowohl sozialkritisch provozierenden als auch listig ironischen Charakter annehmen kann. Das Objet trouvé ist ein schlagendes künstlerisches Mittel des → Dadaismus, → Surrealismus, der → Pop Art und des → Neo-Dadaismus der fünfziger und sechziger Jahre sowie fester Bestandteil der → Objektkunst. Die geforderte Nähe zur (Alltags-)Wirklichkeit sowie Aspekte der Schockierung und Verwirrung finden sich deutlich manifestiert. Enge Verbindungen gibt es zum → Readymade Marcel Duchamps, eine radikalisierte Form, die eine Unterscheidung zum Objet trouvé fast unmöglich macht. Die → Materialbilder Kurt Schwitters' enthalten oft eine ganze Anzahl an Objets trouvés: Fahrkarten,

Flaschenetiketten, Streichhölzer, Weinkorken etc. Zu den frühen Beispielen zählt ferner das „Cadeau" (1921) von Man Ray, ein auf seiner Unterseite mit Nägeln versehenes Bügeleisen – eine Arbeit, die auf die hintergründig ironische Seite des Objet trouvé verweist. Zahlreiche weitere Beispiele lassen sich in den → Akkumulationen des → Nouveau Réalisme finden.

Ölmalerei

In der Ölmalerei finden trocknende Öle als Bindemittel Verwendung, z.B. Lein-, Mohn- oder Walnussöl. Am häufigsten wird Leinöl gebraucht, das insgesamt ausgewogene Eigenschaften besitzt. Die Ölfarben oxidieren an der Luft und wandeln sich in eine feste, lederartige Substanz. Nach dem Trocknen wird das Bild in der Regel mit einem luftabschließenden, durchsichtigen → Firnis behandelt, der die Farbe vor Feuchtigkeit, Staub, Verschmutzungen und dem Sauerstoff der Luft schützen soll. Ein sehr langer Trocknungsprozess ist für die Ölmalerei typisch. Allerdings verändern sich die Farben durch das Trocknen nicht. Außerdem bieten sie überaus variationsreiche Anwendungsmöglichkeiten: Ölfarben können sowohl pastos als auch extrem lasierend (→ Lasur) verwendet werden, wobei sich bestechende plastische Modellierungen und perfekte Farbübergänge erzielen lassen. Nicht zweifelsfrei zu klären ist die Erfindung der Ölmalerei, die ursprünglich den Brüdern van Eyck zugeschrieben wurde. Obgleich Öl schon im Altertum als Bindemittel bekannt war, eröffneten die Brüder van Eyck dieser Technik die weiteren Entwicklungsschritte im Bereich der bildenden Kunst. Antonello da Messina lernte dieses Verfahren durch die beiden Brüder kennen und brachte es im späten 15. Jh. nach Venedig, von wo aus es sich sehr langsam ausbreitete.

Op Art

Die Bezeichnung „Op Art“ (von engl. *optical art* = optische Kunst) stammt von William C. Seitz im Zusammenhang mit der 1965 im Museum of Modern Art in New York gezeigten Ausstellung „The Responsive Eye“. Der Begriff „Op Art“ steht für eine gegenstandslose, konstruktive Kunst, die Mitte der fünfziger Jahre entstand und durch optische Täuschungen und Effekte illusionistische Bewegungen und Raumwirkungen erzielt. Die durch die Trägheit bzw. mangelnde Auflösungsfähigkeit des menschlichen Auges hervorgerufenen Flimmereffekte dienen dabei als grundlegende Bausteine der Bilder, Reliefs und Skulpturen. Ebenso kennzeichnen andere optische Täuschungen, wie z.B. der Moiré-Effekt, die Kunstwerke, welche zumeist der persönlichen Handschrift entbehren und stattdessen oftmals für industrielle Vervielfältigung präpariert werden (so bei Bridget Riley oder Victor Vasarely). Im Gegensatz zur realen Bewegung der → Kinetischen Kunst (hervorgerufen durch Motoren, Windkraft etc.) sind Bewegung und Raum der Op Art stets illusionistischer Natur. Die optische Wirkungsweise der Farbe untersuchten bereits Robert Delaunay (Orphismus), Piet Mondrian (→ Stijl), Kasimir Malewitsch (→ Suprematismus) sowie Johannes Itten und Lászlo Moholy-Nagy (→ Bauhaus), aber auch verschiedene Künstler nach 1945 setzten zum Teil mit theoretischem Hintergrund die Untersuchung der Farbe fort wie Josef Albers oder Max Bill. Die Op Art entwickelte ihren größten Einfluss in den sechziger Jahren. Im Bereich der Malerei steuerte besonders Victor Vasarely mit seinen geometrischen, intensiv farbigen Bildern entscheidende Impulse bei und gilt zusammen mit Bridget Riley als Hauptvertreter der Op Art. Als wichtiger Protagonist dreidimensionaler Werke ist Jesus Raphael Soto mit Arbeiten aus feinen, sich überschneidenden Metalldrähten zu nennen.

P

Papier collé

Das von Georges Braque und Pablo Picasso 1911/12 entwickelte Papier collé (frz. = geklebtes Papier) bildet zugleich den Ausgangspunkt der → Collage, mit der es eng verwandt ist. Braque und Picasso klebten Papierstücke, Tapetenreste oder kleine Teile eines Wachstuchs als reale Elemente in ihre Bilder ein bzw. schufen daraus eigenständige Klebebilder. Auf diese Weise ensteht einerseits ein völlig neuer, unmittelbarer Realitätsbezug, andererseits öffnet sich ein breites Assoziationsfeld, das nicht nur von dem gegenständlichen Verweischarakter der eingeklebten Elemente lebt, sondern ebenso von deren gewissermaßen gegenstandslosen Oberflächenstruktur. Darüber hinaus stellt die Konfrontation von gemalten und eingeklebten Bildpartien die Abbildungsfunktion von Malerei in Frage. Die große Bedeutung des Papier collé in der Kunst des 20. Jh.s ergibt sich aus der daran anschließenden Entwicklung des → Objekts, dessen grundlegendes Gestaltungsprinzip der Einführung realer Gegenstände in die Kunst bereits hier veranlagt ist. → Dadaismus, → Futurismus, → Konstruktivismus und → Surrealismus nahmen den Impuls der Papiers collés auf und führten ihn in unterschiedliche Richtungen fort.

Pastell

Die Technik des Pastells (ital. *pasta* = Teig; *pastello* = Pastellstift) besteht in einer trockenen Malweise mit farbigen Pastellkreiden auf einem ausreichend rauhen und oft getönten Untergrund (zumeist Papier oder Pappe). Da jedoch die Farbpigmente nur lose in einer pulverartigen Schicht auf dem Untergrund haften, wird eine Fixierung (→ Fixativ) erforderlich, die es außerdem erlaubt, beliebig viele Farbschichten aufzutragen. Die Pastellkreide kann einerseits in Schraffuren und Strichen eingesetzt werden, andererseits lassen sich durch Verreibungen und Verwischungen weiche, fließende Übergänge mit malerischer Wirkung erzielen. Korrekturen sind jederzeit möglich. Das Pastell steht zwischen → Zeichnung und → Malerei: Wird vorwiegend mit Strichen und Schraffuren gearbeitet, spricht man von Pastellzeichnungen, finden sich hingegen Farbübergänge und zart fließende Verwischungen, wird gemeinhin der Begriff Pastellmalerei vorgezogen. Pastellkreide wird aus Farbpulver mit einem geringen Anteil an → Bindemitteln (z.B. → Gummiarabikum oder Tragant) hergestellt, indem das Farbpulver als Paste in Stiftform gepresst und getrocknet wird. Seine Blüte erreichte das Pastell im Rokoko, wo man seine leichte, duftige Farbigkeit besonders schätzte. Erst wieder der französische → Impressionismus entdeckte die Pastellmalerei für seine atmosphärische Malweise. Im 20. Jh. besitzt es keine große Bedeutung mehr.

Performance

Eine in den späten sechziger Jahren in New York aus → Happening und → Fluxus entstandene Form der → Aktionskunst, die in ihren Aufführungen Tanz, Musik und bildende Kunst zu verbinden und somit die traditionellen Grenzen zwischen den Künsten aufzubrechen sucht. Ähnlich wie in der Fluxus-Bewegung bleibt das Publikum von den Aktionen ausgeschlossen und nimmt die übliche Zuschauerrolle ein. Die Performance (engl. = Durch- oder Aufführung) ist in ihrer

Frühphase zum Teil nur schwer von Happening und Fluxus zu unterscheiden, die sich in den siebziger Jahren allerdings rasch erschöpften. Ursprünglich bestanden auch Berührungspunkte zur zeitgleichen → Body Art. Der Begriff Performance hat sich in den Folgejahren als Bezeichnung für verschiedenste Formen der Aktionskunst allgemein durchgesetzt. Historische Anknüpfungspunkte bestehen z.B. zu den „Anthropometrien" Yves Kleins oder den ekstatischen Happenings des → Wiener Aktionismus. In den frühen Jahren fanden auch extreme Auftritte mit Selbstverstümmelungstendenzen statt (Vito Acconci), welche die eher gelöst gestimmte Happening- und Fluxusbewegung nicht kannte. Nicht nur das Aufbrechen der Grenzen zwischen den Künsten, sondern in besonderem Maße auch eine Sensibilisierung des Zuschauers, dessen Konzentration durch unterschiedliche Sinneseindrücke oft stark beansprucht wird, zählt zu den erklärten Absichten der Performance. Darüber hinaus verfolgte sie insbesondere in den siebziger Jahren gesellschaftskritische Intentionen, indem sie Konventionen, Verhaltensnormen oder gesellschaftliche Zwänge angriff und in Frage stellte. Auch feministische Ansätze waren und sind vertreten, z.B. durch Marina Abramovic. Doch seit den achtziger Jahren verloren sich die gesellschaftskritischen Töne, medienübergreifende Aspekte traten neben Individualisierungstendenzen in den Vordergrund. In der → zeitgenössischen Kunst hat die Performance ihren festen Platz, was die kreative Substanz und Wandlungsfähigkeit dieser Disziplin positiv unterstreicht. Wichtige Performances haben folgende Künstlerinnen und Künstler durchgeführt: Bernhard Johannes Blume, Jochen Gerz, Rebecca Horn, Urs Lüthi, Boris Nieslony. Bezüge der Performance zur → Videokunst finden sich beispielsweise bei Friederike Pezold und Ulrike Rosenbach.

Pigment

Unter Pigmenten versteht man die Farbmittel für Mal- und Anstrichfarben. Bis ins frühe 19. Jh. stellte man Pigmente aus natürlichen Substanzen wie Holzkohle (schwarz), Erde (braun) oder Kreide (weiß) her, danach wurden Farben zunehmend auf chemischem Weg gefertigt, was zu einer explosionsartigen Zunahme von neuen Farbtönen führte. Da Pigmente durch ihre puderartigen Eigenschaften (mangelnde Haftung auf dem Malgrund) nicht unmittelbar als Farben gebraucht werden können, müssen sie mit → Bindemitteln (z. B. → Gummiarabikum) versetzt werden.

Pinselduktus

→ Duktus

Pinselzeichnung

Die Pinselzeichnung gebraucht dünnflüssige Farbe, in der Regel schwarze → Tusche, die im Gegensatz zur → Federzeichnung mit dem Pinsel auf Papier aufgetragen wird. Ebenso finden auch die bräunliche → Sepia oder Bister Verwendung. Die Pinselzeichnung, manchmal auch „Tuschzeichnung" genannt, erlaubt ein breites Gestaltungsspektrum von der extrem reduzierten Linie über körnige Punktierung mit trockenem Pinsel bis hin zu flächiger, deckender Anwendung. In diesen vielfältigen Variationsmöglichkeiten reicht sie, ausgehend von der → Grafik, mitunter bis in den Bereich der → Malerei hinein. Manchmal wird auch farbiges Papier verwendet, und die Hell-Dunkel-Kontraste finden sich häufig durch Schwarz und Weiß in ihrer Wirkung gesteigert. Pinselzeichnungen können sowohl reiche Nuancierungen in einer Vielzahl weicher Grauwerte bilden als auch mittels tiefschwarzer Tusche auf strahlend weißem Papier harte, expressive Kontraste erreichen. Im 20. Jh. zeigt die Pinselzeichnung einerseits dynamische, gestische Ausdruckswerte, wie z.B. im → Expressionismus oder teilweise im deutschen → Informel (K.O. Götz, K.R.H. Sonderborg u.a.), andererseits äußern sich aber auch verinnerlichte, kontemplative Tonlagen wie beispielsweise in den Arbeiten von Julius Bissier.

Pittura metafisica

In den Jahren 1911-15 entwickelte Giorgio de Chirico in Paris eine magisch-klassizistische Bildsprache, die 1917 durch die Begegnung mit Carlo Carrà im Militärhospital von Ferrara als Pittura metafisica (ital. = metaphysische Malerei) benannt und als Stilrichtung gegründet wurde. 1918 trat Giorgio Morandi der Bewegung bei. Ganz im Gegensatz zum Fortschrittsglauben des → Futurismus wandte sich die Pittura metafisica in die Vergangenheit, um hier ihre Impulse aufzunehmen. Nicht die äußere Erscheinung der Dinge (→ Impressionismus) stand hierbei im Vordergrund, sondern deren innere Wirklichkeit. Insbesondere die klassische Maltradition der italienischen Frührenaissance (z.B. Masaccio, Paolo Uccello), aber auch die symbolistisch verinnerlichte Malerei Arnold Böcklins, Max Klingers oder Odilon Redons fanden Eingang in die Pittura metafisica. Ausgestorbene Plätze, glatte Architekturkulissen mit harten Schlagschatten und entseelte, skulpturenartige Gliederpuppen sind typische Motive, wobei die einzelnen Bildelemente in andeutungsvoller, doch nie ganz zu entschlüsselnder Beziehung zueinander stehen. In den Bildern von Giorgio de Chirico stellen sich, trotz eines strahlend blauen Himmels und bunt flatternder Wimpel, angesichts der entleerten Kulissenartigkeit der Szenerie unweigerlich bald poetische, bald magisch-suggestive Formen der Melancholie und Verlassenheit ein. Carlo Carrà, der sich 1916 vom Futurismus abwandte, wurde mit Bildern bekannt, die erstarrte, ballspielende Puppen zeigen. Giorgio Morandi beschwor in seinen Stillleben die geheimnisvolle Atmosphäre gewöhnlicher Tassen, Flaschen und Krüge. Die magische, anti-rationale Haltung der Pittura metafisica hatte einen entscheidenden Einfluss auf den zu Beginn der zwanziger Jahre sich formierenden → Surrealismus. Die Rätselhaftigkeit des Gegenstandes und letztlich die metaphysische Realitätsebene menschlicher Existenz – grundlegende Themenbereiche des Surrealismus – wurden hier bereits vorweggenommen.

Plastik

Der Begriff „Plastik“ wird heute zumeist gleichbedeutend mit → „Skulptur“ oder → „Bildhauerei“ gebraucht und bezeichnet dreidimensionale Kunstwerke. Der Begriff leitet sich von griech. plássein = „aus weicher Masse formen“ ab. Im eigentlichen, strengen Sinn sind damit nur Arbeiten eingeschlossen, die aus knetbarer Substanz modelliert wurden, z.B. aus Gips, Ton oder Wachs. Darüber hinaus werden auch Abgüsse dieser Formen als „Plastik“ bezeichnet, beispielsweise die Bronzeplastik. Der Plastik, bei welcher das Material stückweise angefügt wird, steht die Skulptur diametral gegenüber, bei welcher das Material abgeschlagen bzw. abgetragen wird. In der Kunst des 20. Jh.s, besonders nach 1945, haben jedoch die Begriffe „Plastik“ und „Skulptur“ ihren eigentlichen Sinn verloren, da allein die technische Herstellung in Bezug auf Material und Arbeitsprozess jegliche traditionellen Formen sprengt.

Pointillismus

→ Neoimpressionismus

Polaroid

→ Sofortbild

Polychromie

Im Gegensatz zur → Monochromie bedeutet Polychromie Vielfarbigkeit, wobei sich die Farben in der Regel deutlich voneinander absetzen (d.h. nicht verfließen). Im 20. Jh. manifestierte sich die Polychromie beispielsweise im → Fauvismus und → Expressionismus oder in den Signal- und Schockfarben der → Pop- und → Op Art.

Pop Art

Unabhängig voneinander entstand im Lauf der fünfziger Jahre in England und in den USA als Reaktion auf den gegenstandslosen → Abstrakten Expressionismus die Pop Art (engl. *pop* = Knall; auch von: *popular art* = populäre Kunst), die sich in den sechziger Jahren zur international bestimmenden Kunstrichtung entwickelte. Die Prägung des Begriffs wird dem englischen Kunstkritiker Lawrence Alloway zugeschrieben. Ein wesentliches Merkmal besteht in der Hinwendung zu den banalen Gegenständen des Alltags und den Konsumobjekten der Massengesellschaft, die als → Objekte bzw. Bildmotive auftreten und somit eine elementare Realitätsannäherung zur Folge haben. Mit einem eingängigen, aus Werbung und Konsum wohlvertrauten Formen- und Motivvokabular gewinnt die Pop Art nicht zuletzt eine erstaunliche Allgemeinverständlichkeit. Auf diese Weise wird die Forderung der Pop Art nach Verbindung von Kunst und Leben erzielt, wie sie beispielsweise John Cage in den fünfziger Jahren nachdrücklich postulierte. Programmatische Leitsätze, die Robert Rauschenberg und Jasper Johns in ihren → Combine Paintings aufnahmen und dadurch den Boden für die Entstehung der Pop Art bereiteten. Für die Anfangsjahre der Pop Art um 1960 ist außerdem die Rückbesinnung auf den → Dadaismus Marcel Duchamps von entscheidender Bedeutung. Als kennzeichnendes Merkmal kommt eine distanzierte, kühl berechnende Haltung des Künstlers hinzu, die z.B. jede die Persönlichkeit verratende Pinselspur sorgfältig vermeidet. In den Bildern von David Hockney, Allen Jones, Roy Lichtenstein, Claes Oldenburg, James Rosenquist, Andy Warhol oder Tom Wesselmann stellt sich eine für die Pop Art typische Ambivalenz ein, bestehend aus emotionalen Motiven und einer sachlich-kühlen, distanzierten Darstellungsform. Auch in Deutschland zeigte die Pop Art großen Einfluss, der sich beispielsweise in Arbeiten von Konrad Klapheck, Sigmar Polke oder Gerhard Richter widerspiegelt.

Postmoderne

Der Begiff „Postmoderne“ stammt ursprünglich aus der Architekturtheorie und wurde 1975 von dem amerikanischen Architekturtheoretiker Charles Jencks in die Diskussion gebracht. Der Begriff trat rasch in vielen Bereichen der Kultur auf (Architektur, bildende Kunst, Literatur, Philosophie), deren gemeinsamer Nenner in der Ablehnung des Diktats der → Moderne nach ständiger Neuerung und in der Hinwendung zu Geschichte und Tradition besteht. In der Architektur richtet sich die Postmoderne gegen den dogmatisch erstarrten Funktionalismus, dessen rationales, zu uniformer Einheitlichkeit führendes Vorgehen (International Style) strikt abgelehnt wurde. Stattdessen griff man auf das Formenrepertoire der Architekturgeschichte zurück, um sich in Stilzitaten historischer Elemente zu bedienen, die vielfach miteinander kombiniert und ironisch konfrontiert werden. Überhaupt hatte die Postmoderne in der Architektur ihre bedeutendsten Auswirkungen und wurde in den achtziger Jahren stilbildend. Kritiker warfen der Postmoderne einen würdelosen Umgang mit der Geschichte und eine unwirkliche, kulissenartige Bauweise bei beliebiger Stilvermischung vor. Als wichtige Architekten der Postmoderne sind Hans Hollein, Rob Krier, Charles Moore, Aldo Rossi, James Stirling und Robert Venturi hervorzuheben. In der bildenden Kunst ist der Einfluss der Postmoderne seit den späten siebziger Jahren in Form von Zitaten und ironischen Stilkombinationen deutlich wahrzunehmen. Postmoderne Haltungen finden sich zu Beginn der achtziger Jahre in der italienischen → Arte Cifra, bei den deutschen → Neuen Wilden und im amerikanischen → New Image Painting. Charakteristisch ist insbesondere die gleichzeitige Verwendung völlig unterschiedlicher Stile und Handschriften innerhalb eines einzigen Œuvres.

Primitive Kunst

Die Primitive Kunst bezieht sich einerseits auf die Kunst der prähistorischen Jägervölker („Eiszeitkunst"), andererseits auf diejenige der Naturvölker in Afrika, Australien und Ozeanien sowie die Indianerkulturen in Nord- und Südamerika. Früher verband sich vom akademischen Standpunkt aus mit dem Begriff eine ungerechtfertigte Abschätzigkeit. Ganz im Gegensatz zur europäischen findet sich die Primitive Kunst fest in kultischen Traditionen verankert. Zu verschiedenen

Jahrzehnten des 20. Jh.s übte ihre archaische Ursprünglichkeit große Faszination auf die Moderne aus, z.B. auf → Expressionismus und → Kubismus. Manchmal wird der Begriff auch auf die Kunst von Autodidakten und Laienmalern im Sinn der → Naiven Malerei ausgedehnt.

Prozesskunst

Ein Sammelbegriff für unterschiedliche Tendenzen der sechziger und siebziger Jahre, deren Gemeinsamkeit in der Thematisierung von (zum Teil nicht abgeschlossenen) Prozessen und Veränderungen besteht. Nicht das fertige Kunstwerk, sondern dessen (technischer und ideeller) Entstehungsprozess bzw. dessen körperliche Veränderung stehen im Vordergrund. In einigen Fällen spielt die Dokumentation des Veränderungsprozesses durch → Fotografie und Video eine wichtige Rolle. Die reflektierende Haltung der Prozesskunst spiegelt einen gewissen Einfluss der zeitgleichen → Concept Art. Werke der Prozesskunst im eigentlichen Sinn konstituieren sich aus Naturstoffen wie Blätter, Erde, Gras, Schnee, Eis oder Wasser. Durch das Einwirken von Naturkräften wie Schwerkraft, Sonne, Wachstum, Wärme oder Wind kommt es zu (permanenten oder vorübergehenden) Veränderungen der Kunstwerke, deren Wirkung vom Künstler oftmals nur grob vorherbestimmt werden kann. Typische Beispiele sind die biologischen Systeme von Hans Haacke, die „Primärdemonstrationen" von Klaus Rinke oder die „Schimmelobjekte" von Diter Rot. Die Prozesskunst bezieht ihre Bedeutung durch eine völlig neue Interpretation der Kategorie Zeit, die ihre unmittelbare Aussagekraft nicht durch eine indirekte, verklausulierte Symbolsprache, sondern durch den Einsatz natürlicher Materialien und das Einwirken der Naturkräfte gewinnt.

R

Radierung

Die Radierung (lat. *radere* = schaben) ist ein Verfahren des → Tiefdrucks, bei dem die Zeichnung durch Ätzung in eine Metallplatte (Kupfer, Messing, Zink u. ä.) vertieft wird. Die geschliffene, entfettete Platte bedeckt man mit einer säurebeständigen Schicht, dem sog. Ätzgrund, die mit einer ledernen Walze oder einem Tampon gleichmäßig aufgetragen wird. Die so grundierte Fläche wird dann über einer offenen Flamme rußgeschwärzt, damit die Linien der Graviernadel später gut sichtbar sind. Mit einer Radiernadel kratzt man dann die Linien durch den Ätzgrund bis das Metall freiliegt. Ist die Zeichnung fertiggestellt, werden Rückseite und Ränder der Platte mit Asphaltlack überzogen und die gesamte Platte einem Säurebad ausgesetzt. Diese Säure (Eisenchlorid oder Salpetersäure) greift die von der Radiernadel freigelegten Metallpartien an, vertieft sie und führt (je nach Dauer der Säureeinwirkung) zu stärkeren oder schwächeren Linien. Die grundierten und mit Asphaltlack geschützten Stellen dagegen bleiben von der Säure verschont. Mit einer Walze oder mit Tampons bringt man dann die Farbe auf die Platte. Anschließend erfolgt der Druck in der Zylinderpresse wie beim → Kupferstich. Als besonderes Merkmal der Radierung gilt ihr typischer Liniencharakter. Die Linien beginnen und enden stumpf (im Gegensatz zur „Taille" des Kupferstichs) und bilden oft an den Enden eine Verdickung. Insgesamt ist die Linienführung bei der Radierung freier und wirkt spontaner, weil der Ätzgrund der Radiernadel weniger Widerstand entgegensetzt. Die Qualität der Abzüge ist begrenzt, weil eine radierte Platte weitaus empfindlicher ist als eine gestochene. Ihre Auflage schwankt zwischen 100 und 200 Blatt. Obwohl die Radierung bereits im 16. Jh. erfunden wurde, erreichte sie im 17. Jh. ihren künstlerischen Höhepunkt.

Rayogramm

Das Rayogramm, auch „Rayografie“ genannt, ist ein von Man Ray um 1920 aus diversen fotografischen Experimenten entwickeltes fototechnisches Verfahren, das ohne Kamera funktioniert: Auf lichtempfindliches Fotopapier werden Objekte (→ Objet trouvé) gelegt und danach belichtet. Je nach der Lichtstärke und dem Neigungswinkel der Lichtquelle entstehen mehr oder weniger unscharfe Formen ohne genaue gegenständliche Bezüge, die jedoch vielfältige Assoziationen hervorrufen. Die Rayogramme spielten in der Frühphase des → Surrealismus als inspirierende, in ihrer Gegenständlichkeit nie festzulegende Arbeiten eine wichtige Rolle. Den Rayogrammen vergleichbar sind die von Christian Schad entwickelten Schadografien, die ebenfalls wie die Rayogramme zu den → Fotogrammen zählen.

Ready-made

Ein 1913 von Marcel Duchamp eingeführter Begriff (amerik. = Konfektionsware; stereotyp) zur Bezeichnung eines vorfabrizierten, vornehmlich industriell hergestellten Gebrauchsgegenstandes, der ohne Veränderung durch den Künstler zum Kunstwerk erklärt wird. Werden geringfügige Veränderungen vorgenommen, spricht man von einem „Ready-made-aidé“ (frz. *aider* = helfen). An die Stelle seines Abbildes tritt der dem Alltag entnommene Gegenstand selbst. Obwohl der Gegenstand oftmals noch gebrauchsfähig wäre, verschwinden dessen Nützlichkeitsaspekte allein durch den hergestellten Kunstkontext. Duchamps Intention liegt in einer neuen Beziehung von Kunst und Wirklichkeit, die im Ready-made identisch werden. Durch diesen Kunstgriff führte er das Abbildungsproblem in der bildenden Kunst in eine paradoxe

Widersprüchlichkeit, die für das gesamte 20. Jh. wegweisend werden sollte: Einerseits ist durch den realen Gegenstand höchste Wirklichkeit, eine gewissermaßen nicht mehr steigerungsfähige „Abbildung" gelungen. Andererseits hat sich im selben Augenblick jeder Sinn einer „Abbildung" der Wirklichkeit erledigt, da potentiell jederzeit die Wirklichkeit zur Kunst werden kann. Duchamp formulierte damit nicht nur die Grundlage der → Objektkunst, sondern seine pointierte Frage nach der Wirklichkeit zieht sich wie ein roter Faden durch die Stilströmungen des 20. Jh.s und findet sich insbesondere in → Happening, → Fluxus, → Neo-Dadaismus, → Pop Art und → Concept Art neu gestellt. „Fahrrad-Rad" nannte Duchamp sein frühestes Readymade (1913), ein auf einen Küchenhocker montiertes Rad eines Fahrrades (strenggenommen ein „Readymade-aidé"). Es folgten 1914 der „Flaschentrockner" und 1917 die „Fontäne", ein umgekehrtes Urinoir, um nur die bekanntesten Arbeiten zu nennen, die seinerzeit heftigste Proteste in der Kunstwelt auslösten.

Realismus

Der Realismus (lat. *realis* = wirklich, wesentlich) zieht sich als eine die äußere, empirische Wirklichkeit nachbildende Darstellungsweise durch alle Epochen der Kunstgeschichte. Der Begriff ist in seinen vielfältigen Tendenzen und Strömungen nur schwer einzugrenzen und steht dem Idealismus diametral gegenüber, der die reale Wirklichkeit überhöht und sich auf fiktiven Elementen gründet. Im 20. Jh. tritt der Realismus in Auseinandersetzungen mit der → abstrakten Kunst, da er sich notwendigerweise der Gegenständlichkeit bedient. Der Begriff geht auf Gustave Courbet, den Hauptvertreter des französischen Realismus im 19. Jh., zurück: 1855 überschrieb er auf der Pariser Weltausstellung den Pavillon mit seinen Arbeiten mit dem programmatischen Titel „Le Réalisme". Im „klassischen" Sinn Courbets bedeutet der Realismus nicht nur die (beliebige) Darstellung äußerer Wirklichkeit, sondern thematisch zugleich die (ungeschönte) Wiedergabe der alltäglichen Arbeitswelt. In einem engeren, stilistischen Sinn bezieht sich der Begriff „Realismus" hauptsächlich auf die realistischen Tendenzen um die Mitte des 19. Jh.s in Frankreich. Im 20. Jh. sind insbesondere die zwanziger und sechziger Jahre als Jahrzehnte realistischer Strömungen hervorzuheben. Die → Neue Sachlichkeit und der → Magische Realismus setzen sich nüchtern und ohne jedes Pathos mit der unübersichtlichen Lebenswirklichkeit der Weimarer Republik auseinander. In den sechziger Jahren dagegen überwiegt im Kapitalistischen –, Kritischen – oder Pathetischen Realismus das politische bzw. sozialkritische Engagement. Vergleichbares trifft auf den → Nouveau Réalisme in Paris zu. Eine gewisse Sonderrolle, da staatlicher Maßregelung unterworfen, spielt der → Sozialistische Realismus, der in der Sowjetunion jahrzehntelang als propagandistisches Instrument für ideologische Zwecke eingesetzt wurde.

Relief

Das Relief ist eine (eigenständige) Disziplin der → Bildhauerei und steht seinem Charakter nach zwischen den Gattungen → Malerei und Bildhauerei. Der Begriff (ital. *rilievo* = Erhöhung, Erhebung; frz. *le relief* = erhabene Arbeit) wurde als Fachterminus erstmals von Cennini im 14. Jh. in Italien gebraucht. Im Relief treten die Formen aus einer (Grund-)Fläche hervor, so dass sie zwar eine gewisse Plastizität erreichen, allerdings nicht vollplastisch wie Skulpturen erscheinen, da sie stets mit der (Grund-)Fläche verbunden bleiben. Das Relief besitzt wie die

Malerei eine Schauseite und kann nicht wie die Skulptur umschritten werden. Gerade im 20. Jh. ist das Relief oft (bunt) bemalt, in ihm finden sich die unterschiedlichsten Materialien integriert und der aktive Raumbezug wird häufig durch den Einsatz von → Objets trouvés nachhaltig unterstützt. Im 20. Jh. führten → Kubismus, → Futurismus, → Dadaismus und → Konstruktivismus zu einer vielfältigen formalen und begrifflichen Aufsplitterung des Reliefs in → Assemblage, → Collage, → Combine Painting oder → Materialbild. Voraussetzung dafür ist einerseits eine neue Beziehung des Reliefs zur Wirklichkeit – hervorgerufen durch die Verwendung neuer Materialien und sogar zivilisatorischer Abfälle – sowie ein neues Verhältnis des Reliefs zum Raum, den es aktiv aufbricht und neu definiert (gegenstandslose Tendenzen). Trotz der genannten Aufsplitterungen der Klassischen Moderne ist bis in die Gegenwart hinein der Terminus „Relief" gewissermaßen als Sammelbegriff allgemein gebräuchlich.

S

Sepia

Sepia ist ein dunkelbrauner, dem Bister ähnlicher Pigmentfarbstoff, der aus der Darmdrüse des Tintenfischs gewonnen und als Aquarellfarbe oder Zeichentusche verwendet wird. Seit Ende des 18. Jh.s wurde Sepia mit → Gummiarabikum gebunden und ermöglichte transparente, malerische Bildwirkungen insbesondere bei Tuschzeichnungen (vgl. → Pinselzeichnung).

Serigrafie

Als Serigrafie bezeichnet man Künstler-Siebdrucke, bei denen der Künstler die Druckform eigenhändig ausführt (Originalgrafik) und auf ein fotomechanisches Kopieren der Vorlage verzichtet (vgl. → Siebdruck).

Sezessionsstil

→ Jugendstil

Shaped Canvas

Um das Jahr 1960 traten in der amerikanischen Malerei Shaped Canvas auf (engl. = geformte Leinwand), insbesondere im Werk von Frank Stella. Damit sind Bilder gemeint, deren äußere Begrenzung sich nach ihrer inneren Struktur richtet, d.h. das traditionelle, rechteckige Bildformat wird (unregelmäßig) aufgebrochen und steht in seiner Form ganz in Abhängigkeit zum Bildgeschehen. Auf diese Weise erreicht das Bild einen gewissen Objektcharakter (→ Objektkunst), womit zugleich die Gattungsgrenze von → Malerei und → Skulptur zu verschwimmen beginnt. Die Shaped Canvas stehen im Zusammenhang mit der Post-Painterly Abstraction und vor allem dem → Hard Edge. Neben Frank Stella sind auch Kenneth Noland und Ronald Davis zu nennen.

Siebdruck

Der Siebdruck, auch „Durchdruck"- oder „Silk-Screen-Verfahren" genannt, ist ein Druckverfahren, bei dem die Farbe durch ein teilweise undurchlässig gemachtes Gewebe hindurch auf den Druckträger (Papier, Stoff o.ä.) übertragen wird. Dieses Gewebe (zumeist Seide, Metalldrahtgaze oder synthetische Textilfasern wie Polyester, Nylon oder Perlon) bildet zusammen mit dem Rahmen, auf den es gespannt wird, das Grundelement der Druckform (Sieb). Zugleich dient es als Unterlage für die sog. Schablonen, die das Gewebe an den bildformenden Stellen farbundurchlässig machen, es jedoch an Partien, die später drucken sollen, farbdurchlässig halten. Zum

Drucken wird das präparierte Sieb – mit einem Abstand von 2 bis 5 mm – auf den Druckträger gebracht und in seiner Position genau markiert. Die Druckfarbe wird zunächst außerhalb des Motivs auf das Sieb gegossen und dann mit einem Rakel (eine Art Brett mit aus Gummi oder Kunststoff bestehender Streichkante) gleichmäßig verteilt und durch die Maschen des Gewebes gedrückt. Bei mehrfarbigen Siebdrucken wird für jede Farbe ein eigenes Sieb benutzt. Charakteristisch für den Siebdruck ist sein satter, voluminöser Farbauftrag. Neben dem manuellen Siebdruck gibt es auch den maschinellen Druck, der bei hohen Auflagen (bis zu 3000 Drucken pro Stunde) zur Anwendung kommt. Dem Künstler ermöglicht der Siebdruck nicht nur ein seitenrichtiges Arbeiten, sondern auch zahlreiche Ausdrucksmöglichkeiten, insbesondere durch die fast unbegrenzte Auswahl an Druckträgern. Eine besondere Anwendung findet der Siebdruck bei großformatigen Blättern, wie Plakaten. Im 20. Jh. bedienten sich zahlreiche Künstler dieser Technik, darunter Josef Albers, Hans Arp, Willi Baumeister, Roy Lichtenstein, Jackson Pollock, Victor Vasarely, Andy Warhol oder Tom Wesselmann.

Silk-Screen-Verfahren

→ Siebdruck

Simultankontrast

Bei der Betrachtung einer Komplementärfarbe (→ Komplementärkontrast) lässt das Auge simultan, d.h. gleichzeitig, die im Farbenkreis gegenüberliegende Farbe entstehen, ohne dass sie materiell vorhanden wäre. Wird beispielsweise eine rote Fläche intensiv betrachtet, so beginnt vor neutralem Grund (weiß oder grau) die Komplementärfarbe Grün als immaterielle Farbempfindung zu leuchten. In der → Moderne spielen gezielt eingesetzte Simultankontraste eine wichtige Rolle, z.B. im → Neoimpressionismus und → Fauvismus.

Skizze

Die Skizze (ital. *schizzo* = flüchtiger Entwurf) als rascher, spontaner Aufriss fixiert das wesentliche Moment einer künstlerischen Idee (vgl. → Zeichnung). Aufgrund ihrer Flüchtigkeit ist sie schnell arbeitenden Materialien wie Bleistift, Kohle, Kreide oder Tusche vorbehalten, auch wenn die → Malerei den Begriff der Farbskizze kennt. Von der Skizze zu unterscheiden sind der Entwurf und die Studie, die einen Sachverhalt systematischer und exakter erfassen. Kunstgeschichtlich wird die Skizze erst in der Renaissance bedeutsam, wo das Streben nach Originalität eine bewusstere Bilderfindung erforderte. Im → Impressionismus wurde das Prinzip der Skizze stilbildend, so dass die Grenzen zwischen Skizze und Kunstwerk oft verwischen.

Skulptur

Der Begriff „Skulptur" wird heute zumeist gleichbedeutend mit → „Plastik" oder → „Bildhauerei" gebraucht und bezeichnet dreidimensionale Kunstwerke. Der Begriff leitet sich von lat. sculpere = schnitzen ab. Im eigentlichen, strengen Sinn werden damit nur Arbeiten bezeichnet, die aus einem festen Material geschnitten, geschlagen oder geschnitzt sind, z.B. aus Stein oder Holz. Die Skulptur greift demnach auf ein abtragendes Verfahren zurück, d.h. das Kunstwerk entsteht durch Entfernen von Material. Im Gegensatz steht dazu die Plastik, die sich durch Anfügen von Material konstituiert. Doch in der Kunst des 20. Jh.s, besonders nach 1945, haben die Begriffe „Skulptur" und „Plastik" ihren eigentlichen Sinn verloren, da die technische Herstellung dreidimensionaler Arbeiten in Bezug auf Material und Arbeitsprozess jegliche traditionellen Formen sprengt.

Sofortbild

Mit Hilfe einer speziellen Entwicklungspaste wird ein mit einer besonders konstruierten Kamera aufgenommenes Bild sekundenschnell entwickelt, fixiert und auf einem Übertragungspapier als Positiv ausgegeben. Dieses 1947 von Edwig Herbert Land erfundene Verfahren (auch „Polaroidverfahren" genannt) wurde mehrfach verbessert (u.a. wurden zahlreiche Manipulationsmöglichkeiten für die künstlerische Fotografie möglich) und diente in → Happening und → Concept Art als wichtiges Dokument. Als künstlerisches Ausdrucksmedium wurde das Sofortbild insbesondere von David Hockney und Anna Keel genutzt. In der experimentierfreudigen Kunst der neunziger Jahre kommt dem Sofortbild wieder neue Bedeutung zu.

Soft Sculpture

Die Soft Sculpture bedient sich weicher Materialien wie Leinwand, Tuch, Filz, Gummi oder Schaumstoff. In erster Linie wird der Begriff für Skulpturen Claes Oldenburgs gebraucht, der im Umfeld der → Pop Art triviale Alltagsgegenstände (Steckdose, Waschbecken, Zündholz) teilweise in riesenhafter Vergrößerung zumeist aus Leinwand zusammennähte. So gelingen ihm ironische Anspielungen auf alltägliche Gebrauchsartikel und deren Konsum. Zugleich stellt sich in der überdimensionalen Größe und der ungewohnten Weichheit anstelle funktionaler Härte ein merkwürdiges Paradoxon ein, das die wohlvertrauten Gegenstände entfremdet.

Sozialistischer Realismus

Der Sozialistische Realismus entwickelte sich im Anschluss an die Russische Revolution 1917 in der Sowjetunion, breitete sich aber besonders nach 1945 auch in anderen sozialistischen Ländern aus. Basierend auf dem Marxismus-Leninismus wurde der Sozialistische Realismus von staatlicher Seite in seiner gesamten inhaltlichen und formalen Struktur dogmatisch festgeschrieben und in der Zielsetzung genau definiert. Die künstlerischen Mittel sollten volksnah und damit allgemein verständlich sein, die Inhalte der moralischen und politischen Erziehung des sozialistischen Arbeiters dienen. Damit erstarben alle künstlerischen Freiheiten, und die gesamte bildende Kunst fand sich – wie auch Literatur, Film und Theater – in die staatliche Propaganda gegen den Kapitalismus und für das Wohl von Partei und Sozialismus integriert. In der Sowjetunion wurde zu Beginn der zwanziger Jahre die → Avantgarde rigoros abgedrängt (vgl. → Konstruktivismus), und es setzte sich eine dem 19. Jh. verpflichtete gegenständliche Malweise durch, die propagandistisch den gesellschaftlichen Fortschritt pries. Mit überschwänglichem Pathos wurde der neue sozialistische „Typus" in Bildern und Skulpturen heroisiert – der → Nationalsozialistischen Kunst nicht unähnlich – und in eine der tatsächlichen Wirklichkeit krass widersprechende idealisierte Sphäre enthoben. Erst im Lauf der achtziger Jahre verlor der Sozialistische Realismus in der Sowjetunion seinen Einfluss. In der ehemaligen DDR wurde in den frühen fünfziger Jahren eine Form des Sozialistischen Realismus praktiziert, die zunächst euphorisch und klischeeartig verkürzt den Arbeiter und seine Arbeit idealisierte. Doch bereits im Lauf der sechziger Jahre erhob sich die Forderung nach vielfältigen Gestaltformen des Sozialistischen Realismus, so dass eine dezente stilistische Pluralität entstehen konnte. Bernhard Heisig schließt in seinen atmosphärischen Porträts an den → Impressionismus an. Wolfgang Mattheuer führte das Landschaftsbild wieder ein. Willi Sitte vertauscht in seinen Porträts und Akten die Heroisierung des Arbeiters zugunsten psychologisierender Elemente. Die Bilder Werner Tübkes verraten das Studium alter Meister.

Spätimpressionismus

→ Neoimpressionismus

Spraybild

→ Graffiti

Spurensicherung

Der Begriff „Spurensicherung“ stammt ursprünglich aus der Kriminalistik und bezeichnet eine Stilrichtung der siebziger Jahre, die durch vordergründig wissenschaftliches Vorgehen Relikte und Überreste individueller Lebenszusammenhänge sammelt. Es bestehen enge Beziehungen zu den → Individuellen Mythologien, eine klare Unterscheidung ist nicht immer möglich. Charakteristisch für die Spurensicherung ist eine systematische Klassifizierung und Anordnung der Fundstücke in Vitrinen, z.B. nach den Kriterien Material oder Größe. Doch die scheinbare Wissenschaftlichkeit ist vollständig subjektiver Natur: Zwar folgt sie rein äußerlich rationalen Ordnungen, doch in ihrer Intention orientiert sie sich allein an individuellen Erinnerungen und subjektiven Zielvorgaben. Die Bezüge der Spurensicherung zu Archäologie, Ethnologie und Soziologie sind unverkennbar, denn daraus speist sich nicht nur der systematische, quasi-wissenschaftliche Ansatz, sondern ebenso das Themenfeld, die Erforschung und Erkundung vergangener Lebenssituationen. Das Sammeln und Sicherstellen der Fundstücke und Spuren (Wohlstandsabfälle, Gebrauchsgegenstände, alte Fotos, Schriftstücke u.a.) besitzt in erster Linie dokumentierenden und rekonstruierenden Charakter, insofern jedes einzelne Relikt über seinen ehemaligen Besitzer bzw. Sinnzusammenhang erzählt. Das Ziel der Spurensicherung besteht letztlich in einer umfassenden Aktivierung von Vergangenheit und Erinnerung. Zu den wichtigsten Protagonisten der Spurensicherung zählen Christian Boltanski, Paul-Armand Gette, Nikolaus Lang, Anne und Patrick Poirier und Raffael Rheinsberg.

Steindruck

→ Lithografie

Stijl, De

Unter der Bezeichnung „De Stijl" (holl. = der Stil) gründeten Theo van Doesburg und Piet Mondrian 1917 in Holland eine künstlerische Bewegung, der u.a. die Architekten Cornelis van Eesteren, Robert van't Hoff, J.J.P. Oud und Gerrit Rietveld sowie die bildenden Künstler Vilmos Huszár, Bart van der Leck, Georges Vantongerloo und der Dichter Anthony Kok angehörten. Das Ziel des Stijl bestand in einer elementaren Erneuerung von Architektur, Bildhauerei, Malerei, Design und Dichtung. Strenger Gegenstandslosigkeit verpflichtet, suchte man in radikaler Reduktion von Farbe und Form auf die drei Primärfarben Rot, Gelb und Blau (sowie die „Nichtfarben" Schwarz, Grau und Weiß) und einer geometrischen Ordnung aus horizontalen und vertikalen Elementen die Bildfläche zu autonomer Selbständigkeit zu beleben. Dabei sollte jede individuelle Handschrift zugunsten umfassender Allgemeingültigkeit und Objektivität vermieden werden. In der elementaren Ordnung sollten universale Lebensprinzipien zur Anschauung geführt und eine transzendente Harmonie materialisiert werden. Diese theoretischen Grundlagen entwickelte Mondrian in seinem Konzept des → Neoplastizismus. Nach heftigen Auseinandersetzungen mit Theo van Doesburg verließ Mondrian 1925 die Bewegung. Zwischen dem orthogonalen System Mondrians und den von Theo van Doesburg neu eingeführten diagonalen Strukturen, die er in seiner Theorie des Elementarismus begründete, konnte keine Vermittlung gefunden werden. Nicht nur in Architektur und Design, sondern auch in der bildenden Kunst wirkten sich die Konzepte der De Stijl-Bewegung als fruchtbare Impulse aus, wie am Beispiel von → Bauhaus oder → Hard Edge ersichtlich wird.

Suprematismus

Unter dem Eindruck des → Kubismus entwickelte Kasimir Malewitsch 1913 den streng gegenstandslosen Suprematismus (lat. supremus = höchst, äußerst), eine Stilrichtung in der Malerei, die sich aus geometrischen Primärformen konstituiert, wie Quadrat, Rechteck, Kreuz, Kreis, Dreieck etc. Nach Malewitsch sollte in der Kunst die „reine Empfindung" die Oberherrschaft (Suprematie) einnehmen. Malewitsch formulierte den ausgeprägten theoretischen Ansatz des Suprematismus in verschiedenen Schriften. Das berühmt gewordene „Schwarze Quadrat auf weißem Grund" (1913) zeigt in der äußersten Reduktion der bildnerischen Mittel (schwarzes Viereck auf weißer Bildfläche) eine tiefe, transzendente Verinnerlichung, die den Suprematismus beispielsweise vom unmittelbar nachfolgenden → Konstruktivismus unterscheidet. Obwohl Malewitsch 1919 das Ende des Suprematismus verkündete, blieben nicht nur seine theoretischen Formulierungen, sondern ebenso seine radikale Bildsprache für viele Strömungen des 20. Jh.s von grundlegender Bedeutung, wie beispielsweise die Malerei des → Hard Edge oder die plastischen Strukturen der → Minimal Art zeigen.

Surrealismus

Der Surrealismus entwickelte sich im direkten Anschluss an den → Dadaismus und gelangte in den zwanziger und dreißiger Jahren zu international dominierender Bedeutung. Der Begriff „surréal" trat erstmals 1917 in dem Stück „Les Mamelles de Tirésias" von Guillaume Apollinaire auf. Gerade in der Frühphase spielte die surrealistische Literatur, getragen von Louis Aragon, André Breton, Paul Éluard oder Philippe Soupault, für die Entwicklung in der bildenden Kunst eine entscheidende Rolle. Der Surrealismus greift auf das Unbewusste und den Traum zurück und sucht, unter Ausschaltung jeder rationalen Kontrolle, zur Darstellung einer „Über-Wirklichkeit" zu gelangen: Die Surrealisten sahen in den rätselhaften, unerklärlichen Aspekten der Dinge und der menschlichen Existenz die eigentliche Lebenswirklichkeit verborgen. Der Surrealismus bezog seine Anregungen aus der phantastischen Malerei Giuseppe Arcimboldis und Hieronymus Boschs, aber auch aus dem → Symbolismus des 19. Jh.s. Entscheidenden Einfluss übte die → Pittura metafisica von Giorgio de Chirico aus. Im selben Maße untrennbar ist der Surrealismus mit dem Dadaismus verbunden. Zum Leitmotiv des Surrealismus wurde ein Zitat von Lautréamont: „schön, wie die zufällige Begegnung einer Nähmaschine und eines Regenschirmes auf einem Operationstisch". Die methodische Grundlage des Surrealismus bestand in dem Verfahren der → Écriture automatique. Zu den wichtigsten Vertretern des Surrealismus zählen Salvador Dalí, Max Ernst, René Magritte, André Masson, Joan Miró, Yves Tanguy. Zwar kam in den späten dreißiger Jahren mit der Emigration führender Surrealisten in die USA das Ende der Stilrichtung, doch deren automatistisches Arbeitsverfahren fand im → Action Painting (Jackson Pollock), → Informel (Wols) und → Tachismus (Georges Mathieu) eine radikalisierte Fortführung.

Symbolismus

Der Begriff „Symbolismus" (griech. *symbolon* = Zeichen) ist als Sammelbezeichnung für verschiedene, stilistisch voneinander abweichende Strömungen zu verstehen, die im Zeitraum von 1885 bis in die ersten Jahre des 20. Jh.s eine symbolisch verschlüsselte, mystisch verdunkelte Bildsprache pflegten. Den Begriff prägte 1886 der französische Schriftsteller Jean Moréas für die literarische Form des Symbolismus. Jedem technischen Fortschritt gegenüber bezogen die Symbolisten eine zutiefst skeptische Position. Obgleich sie eine zum Teil realistische Bildsprache kultivierten, standen sie den aufklärerischen Zielen des → Realismus ablehnend gegenüber und richteten sich entschieden gegen den heiter gestimmten → Impressionismus. Stattdessen bestand ihr vorrangiges Interesse in einer kontemplativen Versenkung in die nicht vom Verstand zu durchdringende, unerklärbare Rätselhaftigkeit der Gegenstandswelt. In dieser antirationalen Haltung äußert sich die Umbruchsituation vom 19. ins 20. Jh. Keine andere Stilrichtung am Ausgang des 19. Jh.s spiegelt so eindringlich diesen krisenartigen Wandel. In der Malerei des Symbolismus zeigt sich einerseits in süßlichen Farben und fahler Beleuchtung die brüchige Morbidität des späten 19. Jh.s mit seinem sich auflösenden Wertesystem, andererseits dokumentiert sich in psychologisierenden Bildern die seelische Vereinzelung des in der Massengesellschaft auf sich allein gestellten Individuums. Die sich daraus ergebenden Ängste und die Ungewissheit über das neu hereinbrechende Zeitalter manifestieren sich in mythologisch verunklärten Figuren, die in ein magisches, unwirkliches Licht getaucht sind. Einer der führenden Symbolisten in England war Edward Burne-Jones. In Frankreich sind vor allem Puvis de Chavannes, Gustave Moreau und Odilon Redon zu nennen. Im Zusammenhang mit dem → Jugendstil stehen die symbolistischen Arbeiten von Ferdinand Hodler, Gustav Klimt und Max Klinger. Der Symbolismus hatte wichtige Auswirkungen auf die Entwicklung des Jugendstils, des → Expressionismus und des → Surrealismus.

Tachismus

Bezeichnung einer Stilrichtung der (späten) → École de Paris in enger Nachbarschaft zum → Abstrakten Expressionismus, → Action Painting und → Informel. Der Begriff kam um das Jahr 1950 durch den französischen Kritiker Michel Seuphor auf (frz. *la tache* = Fleck). Damit ist eine sehr schnelle, spontane Malweise gemeint, welche sich in ihrer Methode im wesentlichen auf die → Écriture automatique der Surrealisten gründet. Ähnlich wie die oben aufgeführten (zeitgleichen) Strömungen thematisiert der Tachismus den Malakt und die darin sich äußernden emotionalen Spannungen des Künstlers. Eine Unterscheidung zum Informel ist kaum möglich, wenngleich oftmals der Begriff Tachismus bevorzugt mit Frankreich bzw. Paris in Verbindung gebracht wird. Wichtige Protagonisten des Tachismus waren vor allem Georges Mathieu sowie die in Frankreich lebenden deutschen Künstler Hans Hartung und Wols, die durch die Anregung des → Surrealismus bereits Mitte der vierziger Jahre zu automatistischen Arbeiten (→ Automatismus) fanden. Außerdem zählen Jean Bazaine, Roger Bissière, Camille Bryen, Henri Michaux und Antonio Saura zu den bekannten Malern des Tachismus.

Tempera

Temperafarben (lat. *temperare* bedeutete im Mittelalter das Mischen von Farben mit → Bindemitteln) basieren auf einer Emulsion wasserlöslicher und wasserunlöslicher Bindemittel. Überwiegen wässrige Bestandteile, so lässt sich eine Verdünnung mit Wasser vornehmen und man spricht von „Wassertempera" als Sammelbegriff (auch: „magere Tempera"), d. h. je nach Bindemittel unterscheidet man Ei-, Gummi-, Kasein- oder Leimtempera. Überwiegen hingegen wasserunlösliche Substanzen, d.h. harzige oder ölige Bindemittel, so muss mit Terpentinöl bzw. der dazugehörigen Emulsion verdünnt werden, und man spricht von „Öltempera" (auch: „fette Tempera"). → Acryl- besitzen Temperafarben im Gegensatz zur → Ölmalerei den Vorzug einer sehr kurzen Trocknungszeit. Nach dem Trocknen sind sie zumeist wasserunlöslich. Darüber hinaus unterscheidet man – unabhängig von der Zusammensetzung der Bindemittel – gefirnisste (→ Firnis) und ungefirnisste Tempera. Während erstere eine der Ölmalerei vergleichbare, tiefe Farbwirkung zeigt, wirkt letztere eher stumpf und matt, ähnlich wie die → Gouache. Die Geschichte der Temperamalerei reicht bis in die altägyptische Kunst zurück. Doch erst in der Malerei des Mittelalters erreichte die Tempera ihre dominierende Stellung unter den Farben. Obwohl die Ölfarben seit dem späten 15. Jh. allmählich die Temperafarben ablösten, wurde bis in das 18. Jh. hinein häufig eine

Mischtechnik aus beiden Farbsubstanzen gebraucht. Auch im 20. Jh. finden Temperafarben ihren Platz, ohne freilich mit der Ölfarbe konkurrieren zu können.

Tiefdruck

Zum Tiefdruck zählen jene Techniken der → Druckgrafik, bei denen die zum Abdruck kommenden Teile tiefer liegen als die Plattenoberfläche. Metall, speziell Kupfer, wird dabei bevorzugt als Druckform benutzt. Zum Drucken wird die Platte mit Farbe bedeckt, wobei die Oberfläche sorgfältig „abgewischt", die Farbe aber in den vertieften Partien (Linien, Flächen) belassen wird. Presst man nun weiches, feuchtes Papier auf die Druckplatte, wird die Farbe aus den Vertiefungen herausgesogen. Die Tiefdrucktechniken werden ganz allgemein in manuelle Stichverfahren und in die sog. Ätzverfahren unterteilt. Zur ersten Gruppe, bei der die Vertiefungen manuell mit einem Instrument in die Platte eingraviert werden (auch „trockenes" oder „kaltes Verfahren" genannt), gehören → Kaltnadelradierung, → Kupferstich, Niello, Punktstich, Punzenstich, Schabtechnik und Stahlstich. Zur zweiten Gruppe, bei der die Vertiefungen auf chemischem Weg in die Druckplatte geätzt werden (auch „nasses" oder „warmes Verfahren" genannt), gehören → Aquatinta, Aussprengverfahren, Crayonmanier, Eisenradierung, Punktiermanier, → Radierung und Weichgrundätzung.

Trans-Avantgarde

Der Begriff geht in seiner ursprünglichen Bedeutung auf den italienischen Kunstkritiker Achille Bonita Oliva zurück, der damit die Malerei der italienischen → Arte Cifra kennzeichnete (ital. transavanguardia = jenseits der Avantgarde). Die Arte Cifra gilt als eine der maßgeblichen Strömungen der europäischen Malerei der späten siebziger und frühen achtziger Jahre, die durch eine radikal subjektive Bildsprache die Abkehr von den intellektuellen Stiltendenzen der siebziger Jahre (z.B. → Concept Art) vollzog. Die Bedeutung des Begriffs „Trans-Avantgarde“ dehnte sich bald auf der Arte Cifra vergleichbare Strömungen aus: Zeitgleich entstand in den USA das → New Image Painting und die Heftige Malerei der → Neuen Wilden in Deutschland. Allen Strömungen ist die Wiederentdeckung der Malerei gemeinsam, ein entscheidender Schritt, der bis weit in die neunziger Jahre hinein wesentliche Auswirkungen auf die Kunstszene zeigt. Eine weitere Gemeinsamkeit findet sich in der Verwendung von Stil- und Motivzitaten aus allen Epochen der Kunstgeschichte (→ Postmoderne). Mit der Trans-Avantgarde begann Ende der siebziger Jahre in der Kunst jenes oft negativ beschriebene „everything goes“, was soviel wie Beliebigkeit in der Wahl von Stil und Mittel bedeutet.

Trompe-l'œil

Das Trompe-l'œil (frz. = Täuschung des Auges) ist eine illusionistische Malerei, die Gegenstände so naturgetreu wiedergibt, dass sie dem Betrachter als wirklich erscheinen. Äußerste Detailgenauigkeit, die Wahl der richtigen Perspektive sowie eine exakte Licht- und Schattenführung machen den Trompe-l'œil-Effekt aus. Im 20. Jh. zeigt sich das Trompe-l'œil in verschiedenen Kunstströmungen, insbesondere im → Fotorealismus.

Tusche

Als wässrige Lösung besteht die Tusche (frz. *toucher* = Farbe anrühren) aus feinstem Ruß und Leim, → Gummiarabikum oder Schellack als → Bindemittel. Tusche eignet sich für → Feder- und → Pinselzeichnungen, außerdem natürlich für die Tuschmalerei. Die echte chinesische Tusche wird aus Kiefern- bzw. Lampenruß hergestellt, mit Knochenleim gebunden und zu festen Tafeln und Stäbchen gepresst, die zum Gebrauch mit Wasser angerührt werden. Die in der Regel schwarze Tusche trocknet wasserunlöslich. Farbige Tuschen enthalten synthetische Farbstoffe. Gelegentlich rechnet man auch → Sepia und Bister zu den Tuschen.

Tuschzeichnung

→ Pinselzeichnung

Unikat

Der Begriff „Unikat“ bezeichnet ein Kunstwerk, von dem nur ein einziges Exemplar existiert. Im Gegensatz dazu stehen beispielsweise Werke der → Druckgrafik oder → Multiples, von welchen mehrere, nahezu identische Exemplare existieren.

Verismus

Unter dem Terminus „Verismus“ (lat. *verus* = wahr) wird eine extrem naturalistische Darstellungsweise verstanden. Allgemein gesprochen bildet der Verismus zunächst eine radikale Form des → Realismus. Doch zumeist wird der Begriff im Zusammenhang mit der Malerei der → Neuen Sachlichkeit genannt. Hier stehen sich → Magischer Realismus und Verismus diametral gegenüber. Sozialkritisch engagiert sezierte der Verismus die gesellschaftlichen Zustände der zwanziger Jahre mit gnadenloser Härte. Soziale Ungerechtigkeiten und Verelendung in den Großstädten sowie das unsichere Schicksal der an Leib und Seele gebrochenen Kriegsheimkehrer sind typische Themen. Ihre Kritik richtete sich insbesondere gegen die staatstragenden Kräfte, gegen Krieg und Militär, Kapitalismus und Bourgeoisie. Eine wichtige Rolle spielten → Zeichnung und → Druckgrafik, die dem Hang des Verismus zur Karikatur breiten Raum bieten. Doch die Veristen entlarvten nicht nur zeitbedingte Missstände, sondern wandten sich mit schneidender Ironie und bitterem Zynismus auch den vielfältigen menschlichen Lastern zu. Zum Kreise der Veristen zählen insbesondere Otto Dix und George Grosz, die im Berlin der frühen zwanziger Jahre ihre Hauptwerke schufen. Aber auch Otto Griebel und Rudolf Schlichter sind zu nennen.

Videokunst

Die Videokunst (lat. *videre* = sehen) entstand in den frühen sechziger Jahren in Deutschland und den USA und stellt als wichtiger Bereich der → Neuen Medien eine neue Gattung innerhalb der bildenden Kunst dar. Als Oberbegriff bezieht sich die Bezeichnung „Videokunst" auf alle Formen und Varianten, d.h. sowohl auf das Videoband als auch auf die Videoinstallation. Die technische Entwicklung der elektronischen Bildaufzeichnung bot Künstlerinnen und Künstlern erstmals 1965 die Möglichkeit, filmähnliche Sequenzen auf ein Videoband aufzunehmen und in einem Ausstellungsraum oder sogar im Fernsehen zeigen zu können. Die Entwicklung der Videokunst begann bereits im Jahr 1963, als der Koreaner Nam June Paik in seiner Ausstellung „Exposition of Music – Electronic Television" in der Wuppertaler Galerie Parnass authentische Fernsehbilder durch den Einsatz starker Magnete ablenkte und zu gegenstandslosen Formen verfremdete. Im selben Jahr führte Wolf Vostell seine „TV-Décollagen" durch. Beide Künstler wurzeln in ihren Anfängen im neodadaistischen Klima von → Happening und → Fluxus. Den entscheidenden Schritt zur Videokunst im heutigen Sinn bedeutete 1965 die technische Entwicklung der tragbaren Videoausrüstung. In den frühen siebziger Jahren etablierte sich die Videokunst rasch in der gesamten westlichen Welt und fand 1977 in einer breiten Präsentation auf der „documenta 6" einen ersten Höhepunkt. Im Lauf der siebziger Jahre setzte sich die Videokunst als neue künstlerische Disziplin allgemein durch. Beim Abspielen der Videobänder sind seit den neunziger Jahren grossformatige Projektionen mittels Videobeamern an Stelle der (Fernseh-)Monitore immer häufiger gebräuchlich. Als bedeutende Videokünstler der letzten Jahrzehnte sind hervorzuheben: Klaus vom Bruch, Peter Campus, Dan Graham, Gary Hill, Shigeko Kubota, Marie Jo Lafontaine, Les Levine, Bruce Nauman, Marcel Odenbach, Nam June Paik, Pipilotti Rist, Ulrike Rosenbach, Bill Viola, Wolf Vostell.

Webart

→ Netzkunst

Wiener Aktionismus

Basierend auf der Tiefenpsychologie Sigmund Freuds und C.G. Jungs entstand um 1960 in Wien eine spezifische Form der → Aktionskunst, deren Kennzeichen ritualartige, exzessive und zu extremen Handlungen tendierende Aktionen sind. Der Wiener Aktionismus richtete sich gegen die etablierte Kunst und gegen gesellschaftliche Tabus, vornehmlich religiöser und sexueller Natur. In orgiastischen Aktionen sollte die Aggression der Akteure abgebaut und durch schockartige Erlebnisse Einblick in die menschliche Psyche und das

Gewaltpotential der Gesellschaft ermöglicht werden. Frühe Formen des Wiener Aktionismus wandten sich durch Beschütten, Zerschneiden und Zerstören der Leinwand gegen den Ästhetizismus des → Abstrakten Expressionismus. In seinen erotischen → Happenings beschmierte und beschüttete Otto Muehl weibliche Personen, Günter Brus verfolgte aktionsartige Selbstbemalungen, während Rudolf Schwarzkogler Selbstverstümmelungen vornahm, die mit seinem Selbstmord endeten. Zu den bekanntesten, aber auch umstrittensten Aktionen zählt das Orgien-Mysterien-Theater von Herrmann Nitsch.

X

Xylografie

→ Holzstich

Z

Zeichnung

Neben der → Druckgrafik bildet die Zeichnung eine der beiden zentralen Kategorien der → Grafik. Gleichbedeutend mit dem Begriff „Zeichnung" wird manchmal auch der Terminus → „Handzeichnung" gebraucht. In der Regel ist der Träger der Zeichnung Papier. Nach ihrer jeweiligen Technik unterscheidet man zahlreiche Varianten der Zeichnung, die jedoch stets in der Dominanz der Linie gegenüber Farbe und Fläche eine grundlegende Gemeinsamkeit besitzen. Allerdings gibt es einen breiten Übergangsbereich zur → Malerei, indem bestimmte Zeichentechniken durch den Einbezug von Farben und/oder flächiger Gestaltungsweise malerischen Charakter annehmen, was z.B. für die → Pinselzeichnung gilt. Weiterhin differenziert man in trockene und flüssige Zeichenmittel. Zu der ersten Gruppe zählt die Bleigriffel-, → Bleistift-, Buntstift-, Graphitstift-, → Kohle-, → Kreide-, → Pastell-, Rötel- und Silberstiftzeichnung, während man zur zweiten hauptsächlich → Feder- und Pinselzeichnung rechnet, die sich Bister, → Sepia, Tinte und → Tusche als Zeichenmittel bedienen. Aber nicht nur im Hinblick auf ihre Technik, sondern auch in Bezug auf ihre unterschiedliche Funktion lassen sich verschiedene Formen der Zeichnung voneinander unterscheiden. Als ein eigenständiges und unabhängiges Kunstwerk ist die freie oder autonome Zeichnung von allen anderen Varianten zu trennen. Der Entwurf veranschaulicht in groben Zügen den Gesamtaufbau eines geplanten Werkes. Die Nachzeichnung hingegen kopiert möglichst genau eine bestimmte Vorlage, während die → Skizze eine (flüchtige) Idee mit raschen Strichen auf das Blatt bannt. Die Studie dient zur genauen Klärung eines bestimmten Details des geplanten Werkes. Die Vorzeichnung schließlich enthält alle wesentlichen Einzelheiten des auszuführenden Werks. Im 20. Jh. bereichern Filzstift und Kugelschreiber als neue Zeichenmittel die technische Palette. In jüngster Zeit entstehen Zeichnungen mittels komplexer Zeichenprogramme direkt am Computer (→ Computerkunst).

Zeitgenössische Kunst

Der sehr vage Begriff („Zeitgenössische Kunst" gleichbedeutend mit „Gegenwartskunst") kann letztlich in seiner zeitlichen Dimension nicht genau bestimmt werden. Gemeinhin bezeichnet der Terminus – unabhängig von jeweils herrschenden Stilströmungen – in etwa die Kunst der letzten zehn Jahre. Zeitgenössische Kunst umfasst sowohl die Arbeiten arrivierter, lebender „Klassiker" als auch die Werke (noch) unbekannter Nachwuchskünstlerinnen und -künstler. Der Begriff umspannt alle → Kunstgattungen.

BADEN-BADEN
v. Mi 10.07 - Do 11.07.2019

Do BADEN - MILTENBERG 2,5H
OD. KLINGENBERG A.M.
FAHRRAD NACH WERTHEIM 30KM
2H.